U0517070

本书出版获得浙江省人文社科重点基地浙江工商大学（应用经济学）项目资助

Research on the Entrepreneurship
Allocation and Dynamic Comparative
Advantage Enhancement

企业家才能配置与动态比较优势增进研究

姚 瑶 著

中国社会科学出版社

图书在版编目（CIP）数据

企业家才能配置与动态比较优势增进研究/姚瑶著 . —北京：
中国社会科学出版社，2018.5
ISBN 978 - 7 - 5203 - 2113 - 6

Ⅰ.①企… Ⅱ.①姚… Ⅲ.①企业家—关系—中国经济—经济
增长—研究 Ⅳ.①F279.2②F124

中国版本图书馆 CIP 数据核字（2018）第 037826 号

出 版 人	赵剑英	
责任编辑	侯苗苗	
责任校对	周晓东	
责任印制	王 超	

出 版	中国社会科学出版社	
社 址	北京鼓楼西大街甲 158 号	
邮 编	100720	
网 址	http：//www.csspw.cn	
发 行 部	010 - 84083685	
门 市 部	010 - 84029450	
经 销	新华书店及其他书店	

印 刷	北京明恒达印务有限公司
装 订	廊坊市广阳区广增装订厂
版 次	2018 年 5 月第 1 版
印 次	2018 年 5 月第 1 次印刷

开 本	710×1000 1/16
印 张	13.25
插 页	2
字 数	201 千字
定 价	58.00 元

凡购买中国社会科学出版社图书，如有质量问题请与本社营销中心联系调换
电话：010 - 84083683
版权所有 侵权必究

前　言

在经济全球化不断深入与国际市场嬗变的时代格局下，中国需要更好地发挥自身的比较优势，才能迎接严峻的挑战。从具体的国情出发，当前中国的经济发展更需关注具有动态性与内生性特征的比较优势理论。原因在于自改革开放以来，中国制度转型发展过程中要素禀赋结构正迅速地发生变化。而李嘉图的比较成本理论、赫克歇尔—俄林的资源禀赋理论等具有静态特征的比较优势理论对中国的指导意义并不显著。若照搬上述静态比较优势理论，易使中国的经济发展停滞于过度依赖廉价劳动力和自然资源等初级生产要素的阶段，从而落入以"低端锁定"为特征的"比较利益陷阱"。要避免这一不利局面的发生，更好地参与国际分工，当前亟须高度关注具有动态性与内生性特征的比较优势理论。亚当·斯密的动态比较优势理论以社会分工的深化为主要途径，揭示微观主体的趋利动机可促进宏观社会福利的增进。同时社会分工的深化可进一步推动市场规模的有效扩大。显然，上述比较优势要在真实世界中转化为现实的比较利益，还需寻求相关传导机制中的"转化"主体。无疑企业家便是将上述比较优势转化为现实比较利益的关键"转化"主体。以熊彼特为代表的新奥地利学派则早已证实企业家才能是促进分工效率，实现技术创新的市场主体。基于亚当·斯密—熊彼特机制的基本逻辑，本书尝试突破主流经济学在新古典范式市场主体行为研究中局限于"经济人"假定的窠臼，将企业家要素及其创造性才能的配置作为一种具有特殊重要性的关键因素纳入中国动态比较优势内生性增进的分析框架，这不仅可以解释中国改革开放以来经济与贸易的高速增长，而且可以揭示当前宏观经济供给侧改革背景下中国经济持续发展的新动能。

　　基于文献基础，本书首先立足中国转型经济的制度背景，将企业家人力资本作为特殊的生产要素纳入生产函数的综合分析框架中；其次尝试突破比较优势动态增进在计量测度上的困难，以生产率增长为表征的内生技术进步来估计比较优势的动态增进；最后以市场规模的有效扩大作为联系企业家才能拓展与动态比较优势增进的关联纽带，进一步探寻两者良性互动的作用机理。本书的主要研究结论认为：

　　（1）企业家在动态比较优势增进中具有无可替代的主体地位。通过构建包含企业家人力资本的一般均衡分析框架，并进一步通过实证检验考察企业家人力资本对以全要素生产率增长为表征的内生技术进步的影响程度可以发现，企业家通过对先进适宜技术的选择和对技术内嵌型资本的利用，有利于促进产业结构的转型与升级，实现全要素生产率的提升与比较优势的动态增进。

　　（2）比较优势的增进可具体刻画为生产技术前沿面的重塑或推进，企业家创新则在此过程中扮演着关键角色。企业家创新属于"一揽子"要素优化配置的创新，其作用要高于一般专业技术人员的单纯技术创新。通过对两类创新主体的特征差异比较以及区际层面的实证检验，进一步发现企业家通过顺市场导向的要素整合创新有利于创新协同效应的发挥与生产技术前沿的推进。

　　（3）"内生性"和"动态性"是比较优势的本质特征，比较优势的动态增进可体现为市场规模的有效扩大和社会分工的进一步深化，故对市场规模进行合理测度可突破比较优势在定量分析上的困难。进一步论证表明，市场规模的有效扩大可作为联系企业家才能拓展与比较优势动态增进的关键纽带。伴随着市场规模的扩大，企业家才能在更宽广的时空范围内得到充分发挥，潜能得到充分释放，地区收入和财富水平获得显著提升，理论比较优势得以转化为现实比较利益。

　　由于现实世界中的企业家才能往往处于"隐性"状态，因此企业家才能的显化和激活需要来自政府的支持与制度环境的逐步改善。政府多伸"支持之手"，强化"看得见的手"，有利于提升企业家"干中学"的效率。而进一步完善市场化导向的制度改革，并化解体制障碍，可为企业家持续创新提供内生的动力机制、盈利机制和再投入的保障机制。由此，通过揭示企业家才能拓展在中国动态比较优势演进中的主体地位，并由此拓展传统比较优势的理论内涵，具有重要的理论价值与现实意义。

　　本书是我在博士学位论文基础上修改完成的。在浙江大学经济学院攻读博士期间，我主要以企业家理论与国际贸易理论为研究方向。特别感谢我的博士指导老师浙江大学经济学院张小蒂教授对我的悉心培养。导师从选题到写作直至答辩，一直给予我很大的支持和帮助。再次还要深深感谢我的硕士指导老师浙江工商大学副校长赵英军教授一直以来对我学业发展的支持和关心。我在浙江大学经济学院求学期间还有幸得到了黄先海教授、马述忠教授、顾国达教授、严建苗教授，以及浙江工商大学张旭昆教授等诸多老师的指点，在此一并感谢。本书在写作过程中，得到了目前我所在的工作单位浙江工商大学经济学院院长何大安教授、赵连阁教授以及马淑琴教授、刘文革教授、王永齐教授、毛丰付教授等学院领导的大力支持，并获得浙江省高校人文社会科学重点研究基地浙江工商大学（应用经济学）项目资助。最后感谢中国社会科学出版社侯苗苗编辑为本书的出版花费大量的心血和努力。限于时间和水平的约束，本书的不妥之处敬请读者朋友不吝赐教指正。

姚　瑶

2017 年 12 月

目　　录

第一章 绪论

第一节 问题的提出

自改革开放以来，中国取得了举世瞩目的"增长奇迹"，中国在国际生产和贸易规模上均保持着高速增长的态势。而由于当前的国际化生产是以各个国家的不同企业参与特定的生产经营环节的"全球价值链分工"为主要特征，中国参与国际分工的方式仍以劳动力、廉价资源等初级生产要素为主，这种低位切入"全球价值链"的分工方式尽管符合我国的要素禀赋特征，但可能导致"低端锁定"和技术引进上的"依赖效应"，从而使我国企业无法在国际市场上掌握有效的"经营控制权"和"定价权"，难以将符合要素禀赋特征的比较优势转化为比较利益，易落入"比较优势陷阱"。从国内的现实基础来看，当前中国正处于经济转型与对外开放的进程中，市场机制的不完善和信息的不完全导致国内要素比价的扭曲。而伴随着内部要素红利的衰减和外部交易成本的高企，作为市场机制微观主体的企业所依托的传统"要素租金"优势正在逐步消失，中国经济呈现增速放缓、结构转型的"新常态特征"，使比较优势向比较利益的转化面临显而易见的现实困境。在诸多矛盾凸显的复杂形势下，当前中国经济面临着亟待解决的重大课题，即如何提升经济发展的质量和水平，持续推进潜在经济增长和比较优势的动态增进？如何在微观层面激发市场主体的活力，改变经济增长的驱动方式，提升资源配置的效率？如何显化和激活动态比较优势增进的关键主体，其对于动态比较优势和经济效率增进的微观机理如何实现？对于诸如上述问题的解答既是当前中国学术界亟须解决的重大课题，也是本书关注的重点和焦点。

如何化解中国经济的现实困境，显然最关键的是寻求中国经济增长函数中的高级生产要素，而企业家才能便是中国经济转型过程中出现的一类特殊的高级生产要素。企业家要素具有边际报酬递增的生产力属性，在经济活动中总是处于发起、配置、操纵、控制其他资源的核心地位，是社会经济发展中最积极、最活跃、最关键的主动性要素。熊彼特（J. A. Schumpeter）在《经济发展理论》一书中，将企业家才能作为经济增长和发展的原动力，认为企业家的"创造性毁灭"推动着经济发展水平的波浪式上升。企业家不仅善于把握机会、打破现有社会的不平衡，提供社会经济发展所需要的产品和服务，同时还能创造出新的不平衡，创造出更多的就业机会和社会财富。在中国经济发展的各个历史时期，企业家才能的作用毋庸置疑，在改革开放以来的三十多年中，中国的民营企业往往比国有、外资企业更具有市场活力，民营企业家在社会发展中发挥着不容忽视的关键作用。国家统计局的调查数据表明，"截至 2015 年年末，全国工商登记中小企业超过 2000 万家，个体工商户超过 5400 万户，全国规模以上中小工业企业 36.5 万家，占规模以上工业企业数量的 97.4%；实现税金 2.5 万亿元，占规模以上工业企业税金总额的 49.2%；完成利润 4.1 万亿元，占规模以上工业企业利润总额的 64.5%。中小企业提供 80% 以上的城镇就业岗位，成为就业的主渠道"。可见，充分唤醒和激活民营企业家的创新创业精神对于当前中国经济的转型发展极为关键。

尽管企业家才能对于经济增长的重要作用得到了国内外学术界的广泛认同和证实，然而其对于开放经济发展的作用机理却一直缺乏相应的理论论证和实证检验。企业家如何促进中国经济转型和开放的实现？企业家才能在中国这样的大型开放型经济体中发挥着怎样的关键性作用？其在微观层面的作用机制是如何实现的？显然，对于上述问题的正确解答有赖于重新审视国际经济学领域最为经典和基础的比较优势理论。经济学鼻祖亚当·斯密在《国富论》一书开篇中提出劳动的专业化分工的思想，认为专业化分工促进了劳动生产率的提高，使参与方所拥有的比较优势不再局限于"先天的""自然的"资源禀赋所产生的静态比较优势，而更多的是"后天的""内生的"、具有"可获得性"的动态比较优势。因而企业家的创新本质和要素重组配置的能力是企业家精神的集中体现，深入探析企业家才能和比较优势理论的内在逻辑关系对于我国开放型经济的持续发展，以及扭转我国在国际分工中的不利地位，实现向全球价值链的高位攀升，从"制造大国"向"制造强国"的转变具有极为重要的理论价值和现实意义。

那么究竟怎样的制度环境才更为适合企业家精神的培育和长期经济的增长呢？鲍莫尔（W. Baumol）认为，一个经济体能否取得很好增长的关键在于企业家活动是配置到生产性活动还是配置到"寻租"等非生产性活动上去。企业家才能的配置往往取决于社会的报酬结构。好的制度环境可以驱动企业家通过生产性活动获取良好的经营回报，而不好的制度环境会促使企业家出于逐利动机从事非生产性活动，其创新才能便有可能受到很大程度的抑制。对于中国这样的转型经济体而言，社会激励机制尚未完善，再加上行业、地区的进入壁垒，企业家中占比较大、活力较强的民营企业家群体的创新才能往往更容易受到抑制，而处于"隐性"或"半隐性"状态。因此，应进一步厘清政府和市场的关系，通过市场化导向的体制改革，化解体制障碍，营造适合创业创新的体制环境，是促使企业家才能显化、激活和拓展的重要保障。

基于上述研究思路，首先，本书试图揭示企业家才能对于中国经济发展的关键性作用并深入探析其内在作用机理，将企业家才能作为特殊的生产要素纳入生产函数的综合分析框架中加以分析。其次，进一步剖析比较优势的"内生性"和"动态性"特征，并尝试突破动态比较优势在计量测度上的困难，在理论论证的基础上进行省际层面的实证检验。再次，寻求企业家才能配置与动态比较优势增进的关联纽带，论证市场规模的有效扩大对于促进分工深化和比较优势的动态演进的关键作用。在构建生产函数分析框架与阐述比较优势增进机制的基础上，进一步通过多层次、多角度的实证检验来测度企业家才能拓展对比较优势增进的影响程度。最后，深入分析企业家才能配置的制度环境，并通过相应的实证检验论证制度安排和政府作用对企业家创新创业的重要作用。

第二节　研究内容与方法

一　研究内容

近年来，中国参与全球价值链分工的程度不断深化。然而，累积多年的巨额贸易顺差并没有带来相应的国内附加值的显著提升。而只有更多地获取比较优势，并将其转化为比较利益，国内的产业结构和技术结构才能实现较快的升级。比较优势的动态实现与现实转化依然面临不可忽视的现实困境。基于此，本书研究旨在解答以下问题：

（1）在要素价格体系扭曲、市场不完善的现实背景下产业结构和技术结构能否"自动"升级？要素禀赋结构能否"自动"提升？

（2）理论比较优势转化为现实比较利益的传导机制中，扮演关键角色的"转化主体"是谁？内生动力源何在？

（3）比较优势动态增进与技术进步存在怎样的联系？实现内生技术进步与技术前沿重塑的关键影响动因是什么？企业家创新和内生技术进步又存在怎样的联系？

（4）比较优势的动态增进与企业家才能的拓展是否存在一定的关联？两者的互动联系所依托的关键联系纽带是什么？

（5）转型经济中的企业家才能如何实现进一步的"显化"与"激活"？如何促使企业家摆脱微利中挣扎求生的困境？如何进一步促进企业家创新的动力和能力持续提升？

针对上述问题，本书以转型时期的企业家为研究主体，探寻企业家在比较优势增进中所起的关键作用，进一步研究企业家才能的拓展与动态比较优势增进的互动机理与实现路径。具体研究从以下几个方面来展开：

（1）揭示并阐述企业家才能拓展与动态比较优势增进的作用机理。首先分析企业家创新的特质并分析企业家创新与内生技术进步的联系，其次将企业家人力资本纳入内生增长理论的分析框架中加以分析，然后以内生技术进步的视角切入，将企业家才能拓展对动态比较优势增进的影响分析作为本书的研究重点，并根据机理分析提出后续研究的主要分析框架。

（2）揭示并表明企业家才能拓展在比较优势增进过程中的主体地位。由于以全要素生产率提升为表征的内生技术进步可作为对比较优势增进的估计指标，故可通过实证检验明晰企业家人力资本对全要素生产率的影响程度。同时进一步阐述企业家在引进技术方面的策略选择对比较优势实际获取所构成的影响。

（3）比较优势的增进可具体刻画为生产技术前沿面的重塑或推进，企业家创新则在此过程中扮演着关键角色。企业家创新属于"一揽子要素"优化配置的创新，其作用要高于一般专业技术人员的单纯技术创新。通过对两类创新主体的特征差异比较以及区际层面的实证检验，可进一步论证企业家通过顺市场导向的要素整合创新有利于创新协同效应的发挥与生产技术前沿的推进。

（4）"内生性"和"动态性"是比较优势的本质特征，比较优势的动态增进可体现为社会分工的进一步深化和市场规模的有效扩大，故对市场规模进行合理测度可突破比较优势在定量分析上的困难。进一步论证表明，市场规模的有效扩大可作为联系企业家才能拓展与比较优势动态增进的关键纽带。伴随着市场规模的扩大，企业家才能在更宽广的时空范围内得到充分发挥，潜能得到充分释放，地区收入和财富水平获得显著提升，理论比较优势得以转化为现实比较利益。

（5）企业家"干中学"并不会随着时间的流逝而削减，持续的技术扩散过程使企业家获得源源不断的创新动力。这种内生的创新动力不仅促使先发地区实现本土创新，同时促进后发地区利用技术扩散创造"后发优势"成为可能。因此，企业家创新与技术扩散的实现使创新的"正反馈机制"得以激活，比较优势获得内生性的效率增进。

（6）现实世界中，企业家才能往往处于"隐性"状态，企业家才能的显化和激活需要来自政府的支持与制度环境的逐步改善。政府多伸"支持之手"，强化"看得见的手"，有利于提升企业家"干中学"的效率。进一步完善市场化导向的制度改革，可为企业家持续创新提供内生的动力机制、盈利机制和再投入的保障机制。

二　研究方法

根据国际贸易的经典理论与人力资本理论的最新进展，以转型与开放条件下的中国为研究背景，将企业家才能的配置作为本书的主要研究对象。具体研究过程中，综合构建多重生产函数的分析框架，采用省级面板数据，多层次、多角度地验证企业家才能配置和动态比较优势增进的互动机理与实现路径。主要研究方法可以概括如下：

（1）宏观分析与微观分析相结合。从宏观经济学与发展经济学的研究视角来看，遵循比较优势的发展战略可促进贸易参与国的经济剩余与福利增进。然而，宏观经济的运行离不开"微观基础"的支撑，在现实世界中，经济的宏观效率与微观效率两者往往难以趋于一致。对处于转型与开放过程中的中国而言，企业家是实现宏观层面或区域层面比较优势增进的"微观主体"和动力源。从企业家拓展的独特研究视角出发来研究比较优势动态增进的运行规律与运行轨迹，并将企业家才能作为特殊生产要素纳入生产函数的综合计量框架中加以分析，可实现经济的宏观效率与微观效率相结合，增强比较优势理论的现实解释力。

（2）规范分析与经验分析相结合。在新增长理论和人力资本理论最新进展的基础上，将企业家人力资本作为特殊生产要素纳入一般均衡分析的框架体系中加以分析，是对上述理论的一大拓展。除规范分析之外，本书主要采用经验分析的研究方法来论证我国省际层面上企业家才能拓展与比较优势增进的互动机理。具体采用综合构建多重生产函数的分析框架来分析。在比较优势的测度上，以生产率增长作为比较优势增进的估计指标。主要采用非参数方法的数据包络分析法（DEA—Malmquist）和随机前沿方法（Stochastic Frontier Analysis，SFA）来估计生产率增长水平。

采用数据包络分析方法的主要优点在于突破传统的"索洛剩余"法计算全要素生产率过程中生产要素规模报酬不变的理论假定。现实中的生产要素规模报酬并非固定不变的，实际生产函数与前沿面生产函数也往往存在技术效率缺口的误差。采用数据包络分析方法不仅可以突破规模报酬不变的理论局限，还能够将生产函数中的投入要素与产出要素分别纳入生产"黑箱"中加以分析，从而估计实际生产函数与前沿面生产函数的真实效率缺口。此外，数据包络法还可以将表示生产率增长水平的 Malmquist 生产率指数进一步分解为效率进步（Technical Efficiency Change，EFFCH）和技术变动（Technological Change，TECH），有利于进一步探寻实际生产函数与前沿生产函数的缺口主要是由效率变动引起还是技术变动引起的。因此，基于生产前沿面的非参数分析法可以描述生产过程中的多重经济意义，并具有一定的可操作性。

采用随机前沿法的主要优点在于能够对实际生产函数与前沿面生产函数中的效率缺口作进一步分析。在现实中，这个效率缺口存在一定的不可观测性。随机前沿生产函数将生产无效率项进一步分解为受随机扰动和技术无效率（Technical Inefficiency）两种因素，从而有利于进一步甄别和判断随机误差和技术效率的分布假设是否稳健，技术效率是否受其他因素影响而变动等。采用随机前沿法不仅可更为准确地估计效率缺口或无效率水平，还可以进一步寻求引致技术无效率水平的主要因素。此外，采用随机前沿法还能突破 DEA 方法在对个体效率估算上存在的局限。不仅每一单元的个体技术效率都可以得到估计，影响个体技术效率差异的外生性因素也可以直接得到检验。这有利于弥补传统投入产出的分析所存在的局限，同时能够避免由于函数形式误设而带来的估计偏差。因此，采用随机前沿法来估计生产率增长水平具有坚实的理论基础和实际可操作性。

（3）比较分析的研究方法。主流经济学理论往往将生产力要素简单划分为熟练劳动和非熟练劳动，而并未将熟练劳动进一步划分。而转型经济下的中国所存在的企业家才能是一类特殊人力资本，与一般专业技术人员、管理人员所体现的一般人力资本有所不同。企业家才能不能简单以社会平均劳动时间所体现的平均劳动熟练强度或平均受教育水平来体现。企业家实现的是"一揽子要素"的"优化配置中学"，与一般人力资本的"干中学"有所不同。因此，本书采用比较分析的研究方法，将企业家人力资本与一般人力资本相分离，并将两者分别纳入生产函数的框架中加以分析，从而进一步探寻两种不同层次的人力资本对产出的不同影响程度。

除在微观层面上将不同人力资本因素进行比较分析外，本书还运用了宏观区际层面的比较分析。通过对全国31个省（区、市）、东部先发代表性省市以及地处东部沿海的苏、浙、粤三大典型强省的经济发展水平、制度变迁进程、区位资源禀赋差异与企业家资源丰裕程度的区际比较与现实聚焦，有利于进而寻求地区经济增长差异的主要成因，从而探寻影响企业家才能拓展与比较优势动态演进互动联系的关键因素。

第二章　文献综述

本章主要对本书涉及的主要经济学理论做简要的背景介绍，使读者对于本书的研究线有基本的了解。首先对奥地利学派等西方经济史上主要的企业家理论进行阐述，探讨企业家精神对我国转型经济发展的重要意义；其次梳理和总结了人力资本理论最新的研究进展，阐明人力资本对于经济增长的作用；最后对比较优势的理论进展进行简要的回顾，阐释"内生性"和"动态性"是比较优势的重要内涵。在转型经济条件下的中国，理论上的比较优势向现实中的比较利益有效转化的关键是寻求这一传导机制中的转化主体，而企业家便在其中扮演着极为重要的角色。在此基础上探讨企业家人力资本理论与动态比较优势理论的内在联系具有丰富的理论内涵与现实意义。

第一节　"企业家"理论文献综述

一　"企业家"的概念与企业家才能的界定

法国经济学家康替龙（Cantillon）在其《一般商业之性质》（1775）一书中最早将"entrepreneur"引入经济学研究之中，原义为"某项事业的从事者"（undertaker），最初的企业家概念较为宽泛，商人、农民、手工艺者等都可以是企业家。他认为，企业家是一个风险承担者，是以确定的价格购买并以不确定的价格卖出的人。

第一次赋予企业家严格定义并提出其重要地位的是萨伊。他在《政治经济学概论》（1803）一书中赋予"entrepreneur"概念以"判断力、坚持性、有监督管理才能"的特征，从而开启了企业家经济学的研究。他认为"劳动力可以进一步分为科学研究人员、工人和企业家三类，分别履行创造和提供知识、执行具体操作和应用知识于具体目的的职能"。但他认为，亚当·斯密的《国富论》一书中并没有对资本的所有者和对企业进行组织经营的管理者或"承办者"进行明显区分。资本家和"承办者"的作用和职责是不同的。因此，他率先提出"企业家"的概念，并认为其主要贡献在于"将资源从生产力和产出较低的领域转移到生产力和产出较高的领域"。

企业家才能（entrepreneurship），又被不少学者称为企业家精神、企业家职能等。可以说，任何调整当前行为以实现未来目标的人都是在发挥企业家的才能。在词源上，来源于拉丁语动词 in prehendo – en-di – ensum，它的意思是"去发现、去看、去感知、去认知和去俘获"。把"企业"（enterprise）视为"行为"（action）的思想，势必是与一种进取（enterprising）的态度联系在一起的，它是由不断地渴求找到、发现、创造或确定新的目标和手段所构成的。马歇尔对企业家理论的研究主要集中于生产要素论和分配论。他在《政治经济学原理》（1890）中生产要素论的相关章节中，把企业家作为企业组织的领导协调者、中间商、创新者和不确定性承担者来进行研究。马歇尔在土地、资本和劳动三种生产要素之外，又提出第四种要素，即商人所拥有的经营才能，又称为"企业家才能"。而在他的关于分配论的相关章节中，进一步把早期"三位一体"的公式扩大为"四位一体"，即劳动—工资、土地—地租、资本—利息、资本与经营能力—利润。其中利润即可归结为企业家经营管理的收益或企业家才能的收益。①

奈特是第一个从企业家个体的角度将企业家与风险、不确定性和利润相联系并给予企业家以明确定义的经济学家。在《风险、不确定性和利润》（1928）中，他将不确定性分为两种：一种是可能推测的不确定性，即称为风险，是可以保险的；另一种是不能推测的不确定

---

① 鲁传一、李子奈：《企业家精神与经济增长理论》，《清华大学学报》（哲学社会科学版）2000 年第 3 期。

性，称为真正的不确定性，是不可以保险的。他认为企业家的首要职能是觉得做什么和怎样做，就是处理不确定性。由于不确定性的存在，企业家不得不承担"做"的风险，由此获得的利润是企业家"自信或勇于冒险"的回报。

马克斯·韦伯在《新教伦理与资本主义精神》一书中认为，新教伦理与资本主义精神在促进现代资本主义兴起上发挥了重要的推动作用。在这里，所谓的"资本主义精神"就是指职业精神，而企业家精神是职业精神的一种，产生的是激励作用，新教伦理则起到约束作用。他所阐述的理想的企业家类型是"在艰难的环境中成长起来，精打细算又敢作敢为，冷静、坚定、精明、全心全意献身于他们的事业，并且固守中产阶级的观点和原则"。并且指出成功的企业家应该是激励和约束两种精神的完美结合。韦伯研究专家桑巴特在《犹太人与现代资本主义》一书中概括了企业家的四种特征：其一，发明者。"不仅是技术意义上的发明者，还是引进全新组织形式的组织者。"其二，发现者。"发现了新的领域，就称为外延发现，创造了新的市场需求，这是内涵发现"。其三，征服者。"有决心和毅力克服横在自己道路上的所有困难。"其四，组织者。"为了最大的成功，必须人尽其用，充分发挥人的专长，还必须为有备而来的人分配适合他的工作，以便获取最大的效益。"

舒尔茨（Schultz，1975，1980）认为，企业家精神是处理不均衡的能力，而不是对待不确定性的能力。他认为企业家精神对待不确定性的能力可以扩展到非市场活动和市场活动。他强调采用均衡模型去分析企业家理论，并且明确提出企业家精神属于稀缺资源，并在此基础上发展了人力资本理论，认为人力资本是经济增长的源泉。

二 奥地利学派的"企业家才能"

然而在新古典经济学理论盛行一时的时期，企业家理论却并未得到相应长足的发展。这主要有两方面原因：一是新古典经济学家对于信息可获得性的严格假设，使企业家在不确定性条件下决策的功能在完全信息的假设下消失殆尽；二是新古典厂商理论中生产函数和理性选择的逻辑排除了企业家的创新功能。这两点排除了企业家职能的存在。而奥地利学派的企业家理论则结合了新近发展的人力资本理论及不完全信息理论，使企业家理论获得了新的发展。

企业家才能与奥地利学派经济学的人的行为（human action）概念相一致。该学派的企业家理论发展于19世纪末20世纪初，他们认为，企业家才是社会经济过程的主角。企业家才能不牵涉任何成本，因此本质上是创造性的。企业家才能的创造性一面，体现在它产生了某种类型的利润，这种利润本质上是从"无"中产生的，我们将它称为纯企业家利润。企业家才能的发挥将产生三个极为重要的效果：首先，企业家才能创造出以前不曾存在的信息；其次，这个信息通过市场传递开来；最后，企业家行为教育有关的经济主体调整自己的行为以满足他人的需要。从严格意义上说，企业家才能本质上是由发现或觉察机会来实现某个目的、去获得收益或利润，以及采取行动来利用环境中产生的这些机会所组成的。

奥地利学派的企业家理论最具代表性的人物有熊彼特、米塞斯与科兹纳。该学派代表人物从创新和信息等角度对企业家理论做出了重要贡献。熊彼特在其1912年所著的《经济发展理论》一书中，赋予企业家以创新者的角色，他认为企业家是资本主义经济发展的发动机，是最具活力的因素，是经济发展的根本现象。他提出企业家的创新行为是商业周期和经济发展的根本原因，企业家创新不是狭义概念上的"技术创新"。所谓创新就是"建立一种新的生产函数"，"实行对生产要素的重新组合"，实现"创造性的破坏"（creative destruction）。即把一种从未有过的有关生产要素和生产条件的新组合引入生产系统。具体说来，这种"新组合"主要包括5种形式：①采用新产品；②引入新技术；③开辟新市场；④控制原材料或半成品的新供应来源；⑤实现企业或工业的新组织形式。① 熊彼特增长理论以"创造性破坏"为核心，具有5个突出特点：①在经济增长的源泉方面，内生研发推动的创新和知识积累是促进技术进步、经济增长的决定性因

①　熊彼特著：《经济发展理论——对于利润、资本、信贷、利息和经济周期的考察》，何畏、易家详等译，商务印书馆1991年版，第73页。

素；②突破完全竞争市场的假定，假设中间物品厂商具有一定的垄断权力，企业可以获得垄断利润；③知识不同于资本，具有非竞争性，即使资本和劳动的总量有限，且没有外生技术进步，经济仍可通过知识积累实现持续增长；④假定经济中存在最终物品生产部门、中间物品生产部门和研发部门，且三者具有不同特征；⑤更加强调经济增长的微观基础。熊彼特的增长理论不仅符合经济学的动态发展过程，并且具有微观基础，强调创新过程实际上是一种动态替代竞争过程，而新古典增长理论、早期的人力资本理论均不同时具备这些特征事实且并未涉及动态更替效应。

米塞斯从信息角度来解释企业家才能，认为"普通的工商学院只训练例行工作的低级人员，绝对训练不出企业家。一个企业家不是训练出来的。一个人之所以成为企业家，在于把握时机、填补空隙。一旦企业家认识到机会并利用机会，那么机会将消失，并触发自发的协调过程，导致经济走向自发的动态均衡"。（米塞斯，1991）德索托认为，"市场的不完善并不会产生新古典意义上的低效，因为不完善会产生潜在的企业家利润机会，企业家在协调过程中发现和抓住这些机会，从而不断驱动市场的运行"。（德索托，2010）

科兹纳从信息不完全出发，"把企业家作为推动市场进程的主体，赋予企业家'中间商'的角色，认为企业家的作用在于发现对交易双方都有利的交易机会，并作为中间人参与其中，发挥推动市场过程的作用。他认为，市场是资源所有者、生产者和消费者的决策相互作用的场所，市场机制的作用存在于达到经济均衡状态的过程之中"。① 市场过程是各个市场主体在信息不完全的情况下，通过参与市场，根据得到的新信息，修正其决策的过程。企业家才能的发挥，是与一种特殊的警觉（alertness）联系在一起的，也就是能使一个人发现和把握他周遭发生的事情的持续警觉性。（Kirzner，1973）因此，科兹纳认为，企业的产生首先是企业家主观远见的产物，是企业家对利润机会

---

① 鲁传一、李子奈：《企业家精神与经济增长理论》，《清华大学学报》（哲学社会科学版）2000 年第 3 期。

成功策划的结果，是一个依赖于持续的企业家发现过程中有意识、有计划的社会秩序的组织。从这一意义上来讲，企业是市场过程或企业家才能的产物，它的出现独立于对交易成本的任何考虑。

Kirzner（1991）和 Machlup（1982）对奥地利学派的企业家理论进行了归纳。其核心理念主要有：①相信市场和竞争是一个企业家"发现和利用净利润机会"的过程；②认为个人决策是在不确定性环境中的一种选择行为，认定"环绕着我们客体的重要性并不在于这些客体本身，而在于它们的知识和信仰，这些信息和信仰能为人们所知并塑造人们的行为"；③只有企业家成功地利用了市场机会的发现，"创造性地破坏"经济循环的惯行通道，才有经济增长现象的出现。

奥地利学派的理论认为，在知识和信息是个人的、分散的、不可言说的前提下（哈耶克），企业家是市场的驱动力量（德索托），企业家才能是发现并利用市场不协调获取"纯利润"的关键变量（科兹纳、米塞斯、德索托）。企业家争胜的结果是，市场从不协调趋向协调，并在协调后产生新的不协调，如此周而复始。可见，创造、感知或认识新的目标和手段意味着调整行为者的知识，也就是发现以前不曾拥有的信息。这一发现也改变了行为主体所拥有的信息或知识的整个图景或背景。发挥企业家才能相关的信息或知识的特征是什么？奥地利学派对企业家知识的 6 个基本特征进行了概括：①它是主观的和实践的，而非科学的知识。②它是排他性的知识。③它是分散在所有人头脑中的知识。④它主要是隐含知识，因此也是不可言说的知识。⑤它是通过发挥企业家才能，无中生有创造出来的知识。⑥它是能够被传递的知识，主要是在无意识中，通过被奥地利学派经济学家视为经济学研究对象的极为复杂的社会过程传递。

根据奥地利学派，"大量持续竞争交易的结果"使市场自发形成了"均衡的利益机制"，在这个过程中，企业家才能的发挥如同"信息发生器"，在与市场机制的互动过程中，通过重叠、共振机制等进一步强化，从而提高企业的交易效率，并使分工进一步深化，动态比较优势得到提升。然而，虽然奥地利学派强调企业家才能对市场秩序产生自发调整机制的理论具有一定的影响力，但在较长时期内其逻辑推理却一直缺乏一定的经验标准与检验背景。这使奥地利学派的企业家理论因其实证检验方面的欠缺而遭受不少诟病。

三 企业家才能的创新本质

正如萨伊所言，企业家创新就是"预见特定产品的需求以及生产手段，发现顾客，克服困难，将一切生产要素组合起来"。而这样的"要素重组"能力实际上就是企业家的创新能力，企业家的载体就是创新创业精神。

彼得·德鲁克从熊彼特的观点得到启示，在《创新与企业家精神》一书中认为，企业家所从事的工作就是"创造性破坏"，因此，"创新是企业家的唯一判断标准"。德鲁克给予"创新"的定义是：①创新就是改变资源的产出。②创新就是通过改变产品和服务，为客户提供价值和满意度。而企业家精神就是"系统化的创新"。所谓系统化的创新，就是"有目的、有组织"的创新活动，"系统化的创新就是指关注创新机遇的七大来源"：其一，意料之外的事件——意外的成功、意外的失败、意外的外在事件；其二，不一致——现实与设想或推测的不一致；其三，基于程序需要的创新；其四，产业结构或市场结构的变化；其五，人口统计数据（人口变化）；其六，认知、情绪及意义上的变化；其七，新知识。

国内学者将企业家创新概括为八种类型。①产品水平创新。即企业家将一种从未有过的新产品引入经济过程。而新产品包括消费品和生产中需要的中间产品，其后的发展将其称为"种类扩张模型"。②产品垂直创新。指企业家对已经存在的产品进行改进和提高质量，即为后期发展的"质量阶梯模型"。③产品工艺过程创新。指一个产品生产技术的重大变化，包括新的工艺流程、新的生产设备及新的组织。④模仿创新。指企业家对已存在的其他领域的技术应用于自己的领域或将基础研究方面的技术成果通过放大引入自己领域生产的过程。模仿创新与技术扩散有一定联系，但两者又有不同。模仿创新不单单是引进技术，需要在技术应用前进行改进和完善，企业家吸收该技术并进行延伸的创新活动。⑤管理创新。指企业家在经营管理中采用新的管理方式提高经济利用效率。⑥市场创新。指企业家扩大产品在市场中的份额、开辟产品的新市场、寻找所使用的原材料的新供给来源。⑦金融创新。指企业家利用金融市场为企业进行融资的过程。⑧制度创新。指企业家引入新的制度安排，除价格制度以外，还有政府的法律制度、企业组织制度及社会文化制度等生产的制度结构，而界定和保障产权则是核心。

四　企业家才能的激励机制

企业家才能不同于一般的人力资本，属于异质性人力资本。而深入理解企业家才能的本质则需进一步认识企业的合约性质。科斯在《企业的性质》一书中提出，"企业不是以一个非市场的合约替代了市场价格机制，企业内部的'命令'和'允许某个权威'来支配资源，无非是'一系列契约被一个契约替代了'的结果"。① 他所指的"企业内部权威"实际上就是指企业家。企业之所以存在是通过企业家节约了交易成本来实现的。"通过契约，生产要素为获得一定的报酬同意在一定的限度内服从企业家的指挥。契约的本质在于它限制了企业家的权利范围。只有在限定的范围内，他才能指挥其他生产要素"。②（Coase，1937）

张五常（Cheung，1983）指出，"企业'这个契约'，发生在要素市场上，而价格机制的那'一系列契约'，则是产品市场上的交易。因此，企业无非是以要素市场合约替代了产品市场上的合约"。③ 周其仁提出企业是一个人力资本和非人力资本共同订立的特别的市场合约。企业合约在事前没有或不能完全规定各参与要素及其所有者的权利和义务，而总要把一部分留在契约的执行过程中再加以规定。企业合约的这个特别之处，来源于企业组织包含着对人力资本（工人、经

---

① 周其仁：《市场里的企业：一个人力资本与非人力资本的特别合约》，《经济研究》1996 年第 6 期。原文见 Coase，Ronald，1937，"The Nature of the Firm"，in Coase 1988，*The Firm，The Market，and The Law*，pp. 33 –55，Chicago：The University of Chicago Press。中译本见《论生产的制度结构》，盛洪、陈郁译校，上海三联书店 1994 年版，第 4—6 页。

② 周其仁：《市场里的企业：一个人力资本与非人力资本的特别合约》，《经济研究》1996 年第 6 期。

③ 张维迎：《企业的企业家——契约理论》，上海三联书店、上海人民出版社 1995 年版，第 13 页。

理、企业家）的利用。而只有在企业合约的场合，人力资本的产权特性才得到突出表现（周其仁，1996）。阿尔钦和德姆塞茨（Alchian & Demsetz，1972）强调的企业内的"计量和监督"（measuring and monitoring），意义在于识别出个别工人对企业生产的贡献，从而奠定"激励性报酬安排"的基础。"计量和监督"，便是人力资本或叫作管理知识和才能在企业内的应用。所谓"企业家才能"，即对付市场的不确定性，做出企业"做什么"和"怎么做"的经营决策，就是企业家人力资本在企业内的应用。因此，人力资本的产权属于个人，但需要通过激励来实现调度。

此后的企业家合约理论则结合了企业家的融资行为来考察企业的控制权安排。"融资次序理论"（Myers，1984；Myers & Majluf，1984）强调潜在外部投资者由于信息劣势而对对象的风险评价过高，过高的投资报酬索求迫使企业家优先采取内部融资，从而形成企业留存盈余→借债→发股的融资次序。而之后的"最优证券设计理论"（Aghion & Bolton，1992；Dewatripont & Tirole，1994；Hart，1995；Tirole，2001）则放弃了早期不完全合约模型（Grossman & Hart，1986；Hart & Moore，1990）关于企业家不受财富约束的假设，但接受了"控制权"是融资合约的重要内容的观点，并在此基础上考察什么样的融资合约或控制权安排才能最有效地激励企业家。Kalpan 和 Stromberg（2003）则对企业家合约安排进行了实证研究。这类文献"大多从企业绩效特性或企业家行动特性等视角来研究企业家合约，即控制权或索取权的安排，而不是从创意、才干和财富的'特性组合'角度来研究企业家合约的安排"。①

杨其静（2003）认为，企业家是企业的逻辑起点，是最初的"中心签约人"，他认为理性的企业家是企业残值的最后索取者，而将企业残值的优先索取权让渡给外部投资者，企业家为外部投资者提供担保从而弥补自己创意和能力的不足。因此，真正意义上的企业家其实是创新才能与经营才能的联合体。云鹤、舒元（2008）认为，"现有

---

① 云鹤、舒元：《企业家合约与经济增长》，《经济学》（季刊）2008年第4期。

的企业家合约理论并未考虑到合约缔结前的企业家，即'企业家生成过程'，而只考虑到合约缔结后的企业家，即为'生成后的企业家'问题。奥地利学派将市场过程看作为'企业家生成过程'，那么实际上企业家合约应该指创意者和经营者的结合所形成的联体企业家，创意者对剩余索取权的最优要求会随自己对经营才干的预期以及对经营者的监管效率的增加而提高"。

　　企业的合约理论表明，建立市场化的企业家绩效评价和激励约束制度至关重要。注重发挥企业家才能和作用，需要调动企业家自身的积极性，使企业家既有动力又有压力地去推动企业发展，关键是要建立符合市场规律的激励约束机制。企业家激励约束机制的建立和完善，要考虑到以下原则。一要把激励制度和约束制度结合在一起设计，既要有充分的激励性，也要有适当的约束性，要把企业家行为、绩效和董事会的目标统一起来。二要充分考虑到企业家人力资本的特殊性，提高企业家报酬水平，加大企业家风险收入在总体收入中的比例，赋予企业家一定的剩余索取权。企业家在企业发展中具有不可替代的重要作用，企业家激励制度的设计要有别于一般员工激励，要更加强调企业家人力资本的特殊性，加大企业家的报酬收入水平，使风险收入成为企业家的主要收入来源。三要完善相关法律制度，加强企业内部制度建设，实施规范的权力约束和企业文化约束。建立和完善内部各项规章制度，形成健全的制度约束机制，权责利相统一的评价机制。

五　企业家才能的制度环境

　　鲍莫尔（Baumol，1990）认为，企业家特质是人类行为的普遍特征，企业家是具备"有限理性"的，决定企业家才能的关键是其特定的形成路径。他在熊彼特的"创新型"企业家和科兹纳的"套利型"企业家的基础上进一步将企业家才能的配置分为"生产型"活动和"非生产型"活动两种。其中"生产型"活动指企业家在指导生产过程中产生熊彼特意义的创新与技术进步。而"非生产型"活动则表明，企业家在生产活动之外可能通过"寻租"等投机行为实现财富的再分配，从而降低经济增长绩效。可见，在企业家与市场均衡的博弈过程中，企业家既有可能成为积极的"逐利者"，又有可能成为消极的"寻租者"。而影响企业家实现创新或"寻租"间配置的主要因素是企业家所处的制度结构。良好的制度结构会促使企业家实现生产型活动的配置，并提升企业家的相对报酬结构。而不完善的制度结构可能会抑制企业家的创新努力，降低其生产型活动的配置，进行非生产型活动的配置。

企业家才能能否得到有效发挥取决于企业家的相对社会支付结构。Baumol（1990）对熊彼特模型进行扩展，通过从经济史的角度来考察，他认为决定不同企业家活动相对报酬的游戏规则会随着时间和地点的不同而发生改变；企业家行为依照游戏规则的变化塑造了经济变化的方向；企业家才能在生产性和非生产性活动之间的配置对经济中的技术创新和创新的扩散程度有深刻的影响。Murphy、Shleifer 和Vishny（1991）提出了人力资本配置框架，认为当有天赋的人成为企业家时，提高技术，使生产率和收入得到增长，而当他们成为"寻租者"时，他们的大部分收益来自对他人财富的再分配，而不是财富的创造，结果经济会停滞不前。Acemoglu（1995）提出，企业家预期支付的租金和企业家投资的边际营利性依赖于"寻租者"的数量，而更多的"寻租"会减少投资的边际生产率和生产性企业家才能的相对报酬。在动态经济中，过去的配置报酬和对未来的预期报酬决定了现期的报酬结构，并由此导致路径依赖。

Murphy、Shleifer 和 Vishny（1991）通过对转型经济体的研究发现，不少企业家往往出于寻求税收优惠、产权保护的目的而成为"寻租者"而非"生产者"。长此以往，"寻租"活动创造了负外部性，减少了投资的边际生产率，并导致经济发展"锁定"于停滞发展的稳态均衡（Acemoglu，1994，2006）。新近发展的企业家理论的相关文献集中于对鲍莫尔理论进行进一步的经验论证。Sobel（2008）利用美国 48 个州的面板数据考察经济、政治和法律环境的制度质量对企业家生产率的影响程度。他以人均风险资本投资、人均专利和自我雇佣率来衡量生产型企业家才能，以各州游说组织数量来衡量非生产型企业家才能，结果发现，制度质量得分与企业家生产率水平呈现明显的正相关关系。Aidis 和 Estrin（2007，2010）利用 47 个国家的跨国面板数据，采用 Global Entrepreneurship Monitor 数据库的企业家才能数据测度腐败指数、产权保护、政府治理程度、税收制度等制度质量对企业家才能的影响。结果发现，腐败程度越大，政府规模越大，企业家才能的发挥受到越多的限制。而实际上，企业家才能与其所处的制度结构存在互动关系。制度结构可能影响企业家才能实现不同方向的配置，而企业家才能本身也可能重塑或改造制度结构。企业家可能遵守制度规则，逃避制度规则甚至直接转变制度规则（Henrekson & Sanandaji，2010；Parker，2004）。Welter（2011）、Minniti（2008）、Holder（2009）等研究表明，企业家往往可能通过政治游说和集体行动而成为"政治型企业家"，通过自身努力降低企业的市场准入门槛和减少竞争程度的目的从而成为"政治联合体"。

Baumol（2008）将资本主义分为"国家主导型资本主义""寡头型资本主义""大企业型资本主义""企业家型资本主义"四种类型，而能够实现长期经济增长的是企业家型经济体制和大企业型经济体制，因为这两种形态的经济体制最有利于技术进步和新技术的商业化。发展水平较高的国家实现经济增长需要满足四个条件：易于创设和发展生意，生产性企业家活动可以得到良好回报，非生产性活动受到抑制，迫使市场竞争的赢家继续保持创新势头。因此，国家主导型资本主义国家和寡头型资本主义国家若要实现经济的长期增长就必须摆脱国家主导，实现政府简政放权，减少干预，逐步转向企业家精神的体制，营造适合企业家创业创新的市场环境。只有激励企业家的生产性活动，抑制非生产性活动，才可能实现经济的长期增长。

第二节 人力资本理论文献综述

一 基于人力资本"干中学"的卢卡斯作用机制

毋庸置疑，人力资本是一国经济增长的重要引擎，学术界也给予高度关注。卢卡斯在其 1988 年的论文 "*On the Mechanics of Economic*

Development"中，认为除物质资本之外，更应考虑通过教育和"干中学"来积累的人力资本对于经济增长的贡献。其分析采用新古典增长理论的分析框架，假设在一个封闭经济体中存在完全竞争，并且技术的规模报酬不变。在 t 时刻有 $N(t)$ 个劳动者投入生产，其外生增长率为 γ，实际人均消费为 $c(t)$，则消费者的偏好可用以下效用函数来表示：

$$\int_0^\infty e^{-\rho t} \frac{1}{1-\sigma} [c(t)^{1-\sigma} - 1] N(t) dt \qquad (2.1)$$

卢卡斯将人力资本的作用分为"内部效应"和"外部效应"两种。其中，"内部效应"指通过正规或非正规教育形成和积累的人力资本，"外部效应"则指通过"干中学"等方式进行的经验积累使生产要素实现规模报酬递增的效应。由于人力资本的"内部效应"是在给定的技术条件下实现的，因此其所形成的人力资本积累只会影响生产个体生产率的提高，并不会对社会总体的生产率构成影响。而真正影响社会总体的经济发展绩效的是人力资本的"外部效应"。人力资本的"外部效应"可体现为：

$$h_a = \frac{\int_0^\infty h N(h) dh}{\int_0^\infty N(h) dh} \qquad (2.2)$$

假设所有工人的平均技术水平为 h，时间投入为 u，则有效劳动力表示为 $N^e = uhN$，平均技术水平 h_a 与 h 相同。则产品生产过程可以表示为：

$$N(t)c(t) + \dot{K}(t) = AK(t)^\beta [u(t)h(t)N(t)]^{1-\beta} h_a(t)^\gamma \qquad (2.3)$$

由于 $1 - u(t)$ 可视为对人力资本积累的影响程度，则受技术增长影响的人力资本可表示为：

$$\dot{h}(t) = h(t)G(1 - u(t)) \qquad (2.4)$$

其中，G 是增函数，根据 Uzawa - Rosen 的人力资本积累条件，假设 G 是一个线性函数，则：

$$\dot{h}(t) = h(t)\delta[1 - u(t)] \qquad (2.5)$$

其中，若 $u(t)=1$ 则表明没有形成人力资本的积累，而 $u(t)=0$ 则表明人力资本的积累达到最高水平。为寻求最优路径，采用当前值 Hamiltonian 函数来求解，即在式（2.3）和式（2.5）的约束条件下最大化式（2.1），分别以 θ_1 和 θ_2 来表示物质资本和人力资本的"价格"，则上述表达式可以表示为：

$$H(K,\ h,\ \theta_1,\ \theta_2,\ c,\ u,\ t)$$

$$=\frac{N}{1-\sigma}(c^{1-\sigma}-1)+\theta_1\left[AK^{\beta}(uNh)^{1-\beta}h^{\gamma}-Nc\right]+\theta_2\left[\delta h(1-u)\right]$$

$$(2.6)$$

则一阶表达式为：

$$c^{-\sigma}=\theta_1 \tag{2.7}$$

$$\theta_1(1-\beta)AK^{\beta}(uNh)^{-\beta}Nh^{1+\gamma}=\theta_2\delta h \tag{2.8}$$

式（2.7）和式（2.8）分别表现消费和资本积累的关系以及生产和人力资本积累的关系。考虑到"价格" θ_1 和 θ_2 的影响作用，则市场出清条件下的均衡水平可表示为：

$$\dot{\theta}_1=\rho\theta_1-\theta_1\beta AK^{\beta-1}(uNh)^{1-\beta}h^{\gamma} \tag{2.9}$$

$$\dot{\theta}_2=\rho\theta_2-\theta_1(\alpha-\beta)AK^{\beta}(uN)^{1-\beta}h^{-\beta}h_a^{\gamma}-\theta_2\delta(1-u) \tag{2.10}$$

由于市场出清条件下 $h_a(t)=h(t)$，则式（2.10）可表示为：

$$\dot{\theta}_2=\rho\theta_2-\theta_1(\alpha-\beta)AK^{\beta}(uN)^{1-\beta}h^{-\beta+\gamma}-\theta_2\delta(1-u) \tag{2.11}$$

由于 $\kappa=\dot{c}(t)/c(t)$，则式（2.7）和式（2.9）可表达为资本的边际生产条件：

$$\beta AK(t)^{\beta-1}\left[u(t)h(t)N(t)\right]^{1-\beta}h(t)^{\gamma}=\rho+\sigma\kappa \tag{2.12}$$

由于在平衡增长路径上 $\nu=\dot{h}(t)/h(t)$，则式（2.5）可表达为：

$$\nu=\delta(1-u) \tag{2.13}$$

对式（2.12）中的 κ 求微分，则人均消费和人均资本的增长率可表达为：

$$\kappa=\left(\frac{1-\beta+\gamma}{1-\beta}\right)\nu \tag{2.14}$$

其中，即 $h(t)$ 的增长率为 $\nu(1-\beta+\gamma)\nu$，与外生技术进步的速率相同。

由于从一阶条件可以得到：

$$\frac{\dot{\theta}_2}{\theta_2} = (\beta - \sigma)\kappa - (\beta - \gamma)\nu + \lambda \qquad (2.15)$$

则在均衡条件下：

$$\frac{\dot{\theta}_2}{\theta_2} = \rho - \delta \qquad (2.16)$$

则均衡增长率可表达为：

$$\nu = [\sigma(1 - \beta + \gamma) - \gamma]^{-1} [(1 - \beta)(\delta - (\rho - \lambda))] \qquad (2.17)$$

卢卡斯认为，人力资本的"外部效应"使生产实现规模报酬递增的效应，通过"干中学"机制的发挥，人力资本的积累才会影响人与人之间生产与交换的过程，从而影响社会总体的经济发展绩效。在开放经济条件下，人力资本"干中学"机制的发挥意味着各国能够专业化生产其具有比较优势的产品，在专业化的生产实践中，生产技术得以提高，生产经验得以增进，从而人力资本获得累积。而随着持续的专业化生产中"干中学"中的学习动力的不断下降与各地需求结构的不断转换，各地的生产模式和生产率也不断发生转变，因此一国唯有通过"创新"创造出"后天的"比较优势，才能实现本国经济的持续增长。

卢卡斯模型的贡献在于，强调通过人力资本的"外部效应"来实现的人力资本积累是宏观经济的"微观基础"。而随着经济发展的动态变化，"正外部效应"则意味着推陈出新的创新影响贸易模式的形成与比较利益的实现。

二 基于人力资本"适配性"的尼尔森—菲尔普斯作用机制

尼尔森—菲尔普斯在1966年的"*Investment in Humans, Technological Diffusion, and Economic Growth*"一文中提出不同于卢卡斯理论的观点。尼尔森—菲尔普斯认为决定经济增长的"有效劳动力"（effective labor）可以区分为受教育程度较高和受教育程度较低两种。而受教育程度较高的劳动力对于生产的贡献在于不仅能够对受教育程度较低的人力资本形成某种替代效应，还能够替代一部分物质资本的作用，这个假设表明通过教育或者"干中学"效应以及在职培训等，能够使人力资本的边际生产率获得提高，这可能促使整体技术水平获得提升。因此，其主要理论贡献在于强调在开放经济的条件下，人力资本能够通过影响技术进步或者技术扩散效应，从而间接影响全要素生产率的增长。

其主要研究框架是假设技术进步是哈罗德中性的，或者表述为劳动扩展型，则总生产函数可以表达为：

$$Q(t) = F[K(t), A(t)L(t)] \tag{2.18}$$

其中，$A(t)$ 可表示为技术的最佳实践水平，这表明平均技术水平已经"内嵌于"（embodied）一般的物质资本之中。假设前沿技术水平可以表述为 $T(t)$，将其定义为最佳实践的技术水平下可以瞬时传递技术扩散。假设其保持一定的外生增长率水平，则：

$$T(t) = T_0 e^{\lambda t}, \quad \lambda > 0 \tag{2.19}$$

此外，新技术从创造到采用存在一定的时滞效应，以平均受教育水平来衡量人力资本存量，则时滞效应是作为创新主体的人力资本存量的减函数。以 w 来表示时滞效应，则有：

$$A(t) = T(t - w(h)), \quad w'(h) < 0 \tag{2.20}$$

则可以得到：

$$A(t) = T_0 e^{\lambda[t - w(h)]} \tag{2.21}$$

式（2.21）表明，其一，最佳技术水平的增长率保持在稳定的 λ 水平；其二，上述增长的水平效应表明，最佳实践的技术水平是人力资本存量的增函数。在其他条件保持不变的情况下，教育回报越快，则技术前沿水平的增进越快。即为：

$$\frac{\partial A(t)}{\partial h} = -\lambda w'(h) T_0 e^{\lambda[t - w(h)]} = -\lambda w'(h) A(t) \tag{2.22}$$

式（2.22）可视作教育的边际生产率的表达式。由式（2.18）和式（2.21）可以得到：

$$Q(t) = F[K(t), T_0 e^{\lambda[t - w(h)]} L(t)] \tag{2.23}$$

随着受教育水平的提高，理论上的最佳实践的技术水平通过技术水平的提高可以实现，则：

$$\dot{A}(t) = \varphi(h)[T(t) - A(t)] \tag{2.24}$$

式(2.24)等价于：

$$\frac{\dot{A}(t)}{A(t)} = \varphi(h)\left[\frac{T(t) - A(t)}{A(t)}\right]$$

$$\varphi(0) = 0, \quad \varphi'(h) > 0 \tag{2.25}$$

其中，$(T(t) - A(t))/A(t)$ 表示技术差距。在式(2.19)的约束条件下对式(2.8)求微分，得到：

$$A(t) = \left(A_0 - \frac{\varphi}{\varphi + \lambda}T_0\right)e^{-\varphi t} + \frac{\varphi}{\varphi + \lambda}T_0 e^{\lambda t} \tag{2.26}$$

则均衡路径上的实际技术水平可以表示为：

$$A^*(t) = \frac{\varphi(h)}{\varphi(h) + \lambda}T_0 e^{\lambda t} \tag{2.27}$$

尼尔森—菲尔普斯的人力资本作用机制的主要贡献在于强调资本结构与技术水平的关系。技术进步在更为广泛的意义上表明了最优的资本结构。而更多的人力资本存量则能够促进动态技术水平的提高。

由于尼尔森—菲尔普斯理论强调技术对于人力资本积累的作用，在这点上，和罗默（Romer，1990）是一致的。罗默基于内生增长理论的模型构建，将技术进步和全要素生产率作为人力资本水平的函数。认为有一定教育程度的劳动力具备创造、实施和采用新技术的能力，从而能促进经济增长。而在上述理论的基础上，本哈毕和斯皮尔格（Benhabib & Spiegel，1994）进一步改进了尼尔森—菲尔普斯人力资本机制，认为人力资本的积累水平会影响技术追赶和技术扩散程度。假设一国从国外吸收和采用新技术的能力取决于该国的人力资本存量水平。则一国"追赶"技术领先国家的能力也取决于该国的人力资本存量。

人力资本的本土创新与技术追赶效应具有三重作用：首先，在一定的生产条件下（创新参数既定），各国间生产率的差异取决于各国人力资本存量的差异。其次，在技术上低于"领先国"的国家，若具备较高的人力资本存量，在一定时期内，能够实现对技术"领先国"的追赶甚至超越。最后，具备最高人力资本存量的国家在一定时期内能够成为技术"领先国"甚至只要维持人力资本存量的优势便可继续维持领导地位。

模型构建如下：假设在柯布—道格拉斯技术条件下：

$$Y_t = A_t K_t^{\alpha} L_t^{\beta} H_t^{\gamma} \varepsilon_t \tag{2.28}$$

对式（2.28）取对数，则长期经济增长水平可以表达为：

$$(\log Y_T - \log Y_0) = (\log A_T - \log A_0) + \alpha(\log K_T - \log K_0) + \beta(\log L_T - \log L_0) + \gamma(\log H_T - \log H_0) + (\log \varepsilon_T - \log \varepsilon_0) \tag{2.29}$$

由于之前尼尔森—菲尔普斯的理论假设已经表明，受教育程度的提高有利于促进新技术的采纳和实施，而技术增长水平或者说是索洛剩余取决于实践中的技术水平与前沿技术水平 $T(t)$ 之间的差距，则：

$$\frac{\dot{A}}{A} = c(H)\left[\frac{T(t) - A(t)}{A(t)}\right] \tag{2.30}$$

为了更好地体现技术落后国家 j 国对于技术领先国家的技术追赶程度，则有：

$$\frac{\dot{A}_i(t)}{A_i(t)} = g(H_i) + c(H_i)\left[\frac{\max_j A_j(t) - A_i(t)}{A_i(t)}\right], \quad i = 1, \cdots, n \tag{2.31}$$

其中，$g(H_i)$ 为内生技术进步，而技术领先国家的技术增长率为 $g(H_L)$，则有：

$$A(t) = A_L(0) e^{g(H_L)t} \tag{2.32}$$

若假设 m 国为技术领先国家，其技术增长率为 $g(H_m)$，则：

$$A_m(t) = A_m(0) e^{g(H_m)t} \tag{2.33}$$

则：

$$\frac{\dot{A}_i(t)}{A_i(t)} = g(H_i) + c(H_i)\left[\frac{A_m(0) e^{g(H_m)t} - A_i(t)}{A_i(t)}\right] \tag{2.34}$$

式（2.34）可简化为：

$$\frac{\dot{A}_i(t)}{A_i(t)} = [g(H_i) - c(H_i)] + c(H_i)\left[\frac{A_m(t)}{A_i(t)}\right] \tag{2.35}$$

求解得：

$$A_i(t) = [A_i(0) - \Omega A_m(0)] e^{[g(H_i) - c(H_i)]t} + \Omega A_m(0) e^{g(H_m)t} \tag{2.36}$$

其中：

$$\Omega = \left(\frac{c(H_i)}{c(H_i) - g(H_i) + g(H_m)} \right) \qquad (2.37)$$

在长期，领先者将增长速度维持在 $g(H_m)$ 的水平，超出其他国家的经济增长水平 $g(H_i)$，则有：

$$\lim_{t \to \infty} \frac{A_i(t)}{A_m(t)} = \lim_{t \to \infty} \left[\frac{A_i(0) - \Omega A_m(0)}{A_m(0)} \right] e^{[g(H_i) - c(H_i) - g(H_m)]t} + \Omega \qquad (2.38)$$

由于 $[g(H_i) - c(H_i) - g(H_m)] < 0$，则经济增长率最终收敛于：

$$\lim_{t \to \infty} \frac{A_i(t)}{A_m(t)} = \Omega \qquad (2.39)$$

本哈毕—斯皮尔格的贡献在于揭示人力资本同时存在的两种作用机制：其一，人力资本通过本土创新直接影响国内技术创新的速度和水平；其二，人力资本存量能够通过影响技术消化吸收的速度来影响一国全要素生产率的增长。该理论不仅能够解释各国经济增长的差异，而且对于发展中国家如何通过人力资本存量的积累实现"追赶效应"，发挥后发优势，实现"蛙跳型"增长具有重要的理论价值和现实意义。

三 基于人力资本配置的"卢卡斯—卢卡斯模型"

上述人力资本作用机制的分析主要基于新古典理论的分析框架，其将劳动力简单划分为熟练劳动力和非熟练劳动力，即以社会平均劳动熟练强度为划分依据。其对人力资本或"有效劳动力"的度量也依赖于"受教育程度"等指标的局限。事实上，人力资本中存在一类特殊的"隐性的"要素资源——企业家才能。而企业家才能不同于一般人力资本生产要素，其所拥有的人力资本无法仅仅以受教育程度等显性指标来衡量。Nicola Gennaioli、Rafael La Porta、Florencio Lopez - de - Silanes 和 Andrei Shelfer（2013）基于以上考虑，将企业家才能与一般人力资本要素相分离，通过理论构建与实证检验描述人力资本的不同配置影响生产率的作用机制。其中，"人力资本外部性"是本书研究的重点，即指人们通过自发交往和学习而产生，并通过人们自发交往和传播产生的正向外溢效应。由于企业家才能与一般劳动者的才能不同，笔者将两者对生产率的作用机制相分离。该理论框架的建构主要基于 Lucas（1978，1988）的理论贡献，因此又称"卢卡斯"模型。

假设一个国家拥有 1 单位地区，其中 P 地区拥有高生产率 $\tilde{A}_P$，$1-P$ 地区拥有低生产率 $\tilde{A}_U$，$\tilde{A}_U < \tilde{A}_P$，$i = P$，$U$。代表性经济人 j 的效用函数为：

$$u(c, a) = c^{1-\vartheta_j} a^{\vartheta_j} \tag{2.40}$$

其中，c 和 a 表示消费和住房，其中一半的经济人是食利者，另一半是劳动者。每一个食利者拥有 1 单位住房、T 单位土地和 K 单位物质资本（不具有人力资本）。每个劳动者拥有 $h \in R_{++}$ 单位人力资本，各地区外生的人力资本禀赋服从帕累托分布 $[\underline{h}, +\infty]$，$\underline{h} > 1$。劳动者可以成为企业家或工人，地区 i 的一个企业家拥有 h 单位的人力资本、$K_{i,h}$ 的物质资本和 $T_{i,h}$ 土地，工人则拥有 $H_{i,h}$ 的人力资本、生产产出并消费，即：

$$y_{i,h} = A_i h^{1-\alpha-\beta-\delta} H_{i,h}^{\alpha} K_{i,h}^{\delta} T_{i,h}^{\beta}, \quad \alpha + \beta + \delta < 1 \tag{2.41}$$

根据人力资本外部性（Lucas，1988），假设各地区全要素生产率为：

$$A_i = \tilde{A}_i (E_i(h)^{\psi} L_i)^{\gamma}, \quad \gamma > 0, \quad \psi \geqslant 1 \tag{2.42}$$

其中，ψ 表示人力资本质量，$\gamma > 0$ 表示地区存在规模经济。各地区 i 每个食利者赚取 $\lambda_i T$ 和 η_i 的地租和房租以及 $\rho_i K$ 物质资本租金。其中土地和住房假设不可流动，而物质资本可流动。劳动者可以选择成为工人或企业家，作为企业家可以获取 $\pi_i(h)$ 利润，工人可获取 $w_i \cdot h$ 工资收入，则拥有企业家人力资本、工人人力资本和物质资本的地区配置构成空间均衡必须满足以下条件：企业家雇用工人，拥有物质资本和土地实现利润最大化，劳动者实现消费和住房需求，资本、劳动力、土地和住房市场同时出清。其中物质资本是完全流动的，土地和住房是不具有流动性的，因此需要解各地区均衡配置 (H_i^E, H_i^W, K_i) 下的产出和要素回报率。

则企业家利润最大化，即：

$$\max_{H_{i,h} T_{i,h}, K_{i,h}} A_i h^{1-\alpha-\beta-\delta} H_{i,h}^{\alpha} K_{i,h}^{\delta} T_{i,h}^{\beta} - w_i H_{i,h} - \rho K_{i,h} - \lambda_i T_{i,h} \tag{2.43}$$

而(H_i^E，H_i^W，K_i)均衡状态下企业 j 具有 $\dfrac{h_j}{H_i^E}$ 单位的企业家人力资本，以及其他生产要素：

$$H_{i,j} = \frac{h_j}{H_i^E} \cdot H_i^W, \quad K_{i,j} = \frac{h_j}{H_i^E} \cdot K_i, \quad T_{i,j} = \frac{h_j}{H_i^E} \cdot T \tag{2.44}$$

式（2.44）表明地区总产出为：

$$Y_i = A_i (H_i^E)^{1-\alpha-\beta-\delta} (H_i^W)^\alpha K_i^\delta T^\beta \tag{2.45}$$

根据边际产品定价原则，企业家和工人之间的配置选择满足：

$$\pi_i(h_j) = h_j \cdot \frac{\partial Y_i}{\partial H_i^E}, \quad w_i(h_j) = h_j \cdot \frac{\partial Y_i}{\partial H_i^W} \tag{2.46}$$

则在均衡状态，劳动者在企业家和工人之间的选择应该是无差异的，即：

$$H_i^E = \left(\frac{1-\alpha-\beta-\delta}{1-\beta-\delta}\right) \cdot H_i, \quad H_i^W = \left(\frac{\alpha}{1-\beta-\delta}\right) \cdot H_i, \text{ 而 } H_i = H_i^E + H_i^W$$

劳动者最大化个人效用，则住房需求为 $\dfrac{\vartheta \cdot w_i \cdot H_i}{\eta_i}$，假设住房供给为 1 单位，则 $\eta_i = \vartheta \cdot w_i \cdot H_i$。则劳动者效用为：

$$u_{w,i}(c, a) = \frac{w_i h}{\eta_i^\vartheta} = \frac{w_i^{1-\vartheta}}{\vartheta^\vartheta} \cdot \frac{h}{H_i^\vartheta} \tag{2.47}$$

把流动性和外部性考虑在内，可推导出：

$$\frac{w_P}{w_U} = \left(\frac{\widetilde{A}_P}{\widetilde{A}_U}\right)^{\frac{\delta}{1-\delta}} \left(\frac{E(h_P)^\psi L_P}{E(h_U)^\psi L_U}\right)^{\frac{\gamma}{1-\gamma}} \cdot \left(\frac{H_U}{H_P}\right)^{\frac{\beta}{1-\delta}} \tag{2.48}$$

由于在稳态均衡下必须满足以下参数限制条件：

$$(\beta - \psi\gamma)(1-\vartheta) + \vartheta(1-\delta) > 0 \tag{2.49}$$

则当 $\psi = 1$，$\varphi = 0$ 时，国民产出为：

$$Y = \widehat{A} H^\gamma (H^E)^{1-\alpha-\beta-\delta} (H^W)^\alpha K^\delta T^\beta \tag{2.50}$$

其中，A 为外生参数。则地区产出为：

$$Y_i = \widetilde{A}_i E_i(h)^{\psi\gamma} L_i^\gamma (H_i^E)^{1-\alpha-\beta-\delta} (H_i^W)^\alpha K_i^\delta T^\beta \tag{2.51}$$

采用经验预测，即采用明瑟方程将人力资本（不可观测）和受教育年限（可观测）相联系，即 $h_j = \exp(u_j S_j)$，其中 h_j 满足帕累托分布，u_j 为个人天分因人而异。由于物质资本数据难以得到，进一步假设物质

资本满足 $K_i = BA_i^{\frac{1}{1-\gamma}}H_i^{\frac{1-\beta-\delta}{1-\beta}}$，则将人力资本线性化之后可以得到以下回归方程：

$$\ln\left(\frac{Y_i}{L_i}\right) = C + \left[\frac{1}{1-\gamma}\right]\ln\tilde{A}_i + \left[1 + \gamma\psi - \frac{\beta}{1-\delta}\right]\bar{u}_i\bar{S}_i + \left[\gamma - \frac{\beta}{1-\delta}\right]\ln L_i$$

(2.52)

其中，$\left[1 + \gamma\psi - \frac{\beta}{1-\delta}\right]$是根据各地区人力资本的受教育程度来衡量的"技术参数"，$\bar{u}_i$表示各地区的平均明瑟回报率，$\left[\gamma - \frac{\beta}{1-\delta}\right]$表示劳动力的外部性效应。基于上述回归方程，通过对世界上110个国家和1569个地区进行实证检验，得出以下研究结论：与现有增长核算文献一致，结论发现，普通职工的人力资本是解释各地区生产率差距的重要因素但不是主要因素；普通人力资本所拥有的受教育程度的差异会影响生产率差距，而作为经济增长根本性影响因素的企业家才能却往往容易受到忽视；此外，人力资本的外部性特征可能会放大企业家才能。因此仅仅以受教育程度来衡量人力资本的差异并不能很好地反映企业家管理才能所发挥的积极作用，故在对区域经济增长差异的影响因素核算之时，应将企业家才能与一般劳动者拥有的人力资本相分离，以反映两者对于经济增长的不同贡献程度。

第三节　比较优势理论文献综述

一　比较优势理论回顾

"比较优势"（Comparative Advantage）是经济学理论中一个基本的概念。其主要含义是，如果两个经济体在不同产品上存在相对价格的差异，则开放贸易能促成福利的提高，而且每个经济体应该专业化生产相对价格较低的产品。

亚当·斯密（1776）在其《国富论》一书中，首次提出了国际贸易的基础"绝对比较优势理论"，认为绝对价格的差异是国际贸易的来源。大卫·李嘉图（1817）在其《政治经济学及赋税原理》一书中进一步提出了"相对比较优势理论"，认为贸易产生的原因是各国间产品生产的相对比较优势，即生产机会成本存在差异。之后的较长时期内，李嘉图的比较优势理论在新古典经济学里长期占据主流地位。比较优势之所以产生，一方面是因为劳动生产率存在差异，即存在李嘉图比较优势；另一方面是由于产业间要素密集度差异或国家间要素丰裕度差异，即存在赫克歇尔—俄林比较优势。即认为比较优势差异的源泉是产品要素密集程度的差异，按照比较优势实现专业化分工可以实现贸易利得。上述古典贸易理论突破了重商主义"零和贸易"的理论误区，表明通过自由贸易要素配置的优化可实现贸易双方福利的改善。

随着第二次世界大战以后国际贸易的进一步发展，越来越多的贸易发生在资源禀赋、技术水平相似或相近的国家之间，同一产业内同一产品或产业间"双向"贸易额大大增加，采用传统的资源禀赋理论显然无法解释。Krugman（1980）、Lancaster 和 Helpman 从规模经济、产品异质性入手，提出了新贸易理论。该理论解释了国家间同一产业内双向贸易产生的原因，假设前提是产品差异性和垄断竞争，强调"产业内异质性"。但基于规模经济的新贸易理论只是为了解释发达国家之间的"产业内贸易"现象，并不是用来说明企业之间在生产率和规模上的不对称性。即新贸易理论认为，同一产业内企业之间的生产率水平或出口贸易水平是相似的，而贸易利得来源于规模经济和消费者偏好的多样化产品种类的扩张。

20 世纪 90 年代之后，对于比较优势理论的研究逐渐从宏观国家层面与中观产业层面转向微观企业层面。Bernard 和 Jensen（1995）在对美国企业的研究中发现，出口企业比非出口企业具有更大的规模，更高的生产率，更熟练的技术工人，具备技术密集型和资本密集型的特征。这些差异被称为企业的异质性，从而构成国际贸易新的基础。Melitz（2003）的研究表明，贸易能引发生产率高的企业进入出口市场，国际贸易使资源重新配置，流向生产率较高企业。低生产率企业收缩并退出，而高生产率企业扩张并进入市场，因此产业总体的生产率由于资源的重新配置而获得提高，这种贸易利得无法用静态的贸易理论来解释。此外，生产率最高的企业承担海外营销的固定成本并开始出口，生产率居中的企业为本土市场进行生产。在削减关税、降低运输成本、增加出口市场规模的贸易政策实施的同时，本土和出口市场销售的平均生产率也得以提高。当国外市场规模扩大并且出口成本相应提高时，在国外直接生产更有利可图；在国外生产反而不利。

异质性企业理论把企业的生产率差距和沉没成本作为比较优势的基础，主要分为"自我选择"理论和"出口中学"理论两大理论假说。"自我选择"理论（self - selection effect）认为，由于出口市场存在沉没成本，即进入壁垒、运输成本、企业进入新市场的渠道成本等。企业的生产率只有足够高，才能支付较大的出口沉没成本，在出口市场获取利润。结果生产率高的企业通过"自我选择"效应进入出口市场，生产率较低的企业选择退出或不进入出口市场。因此，沉没成本是"自我选择"效应中决定企业是否选择出口的关键因素。"出口中学"理论（learning - by - exporting effect）认为，一旦企业参与出口市场，将从顾客和竞争对手处获取先进的生产技术、高效的管理方式等，从而促进企业的技术学习能力，降低企业的生产成本，提高企业的出口供应量。"出口中学"效应主要通过三种渠道传播：①通过客户反馈进行产品式样、质量、设计等方面的交流，企业会不断降低生产成本，提高产品质量。②企业参与出口市场，能扩大企业生产规模，产生规模经济效益。③企业参与出口市场，可以提高企业创新的回报，从而加强对企业创新的激励作用。因此，"出口中学"效应又可以被理解为企业出口诱发企业生产率水平的提升（Castellani，2002）。Lerides（1998）认为，只有具备高生产率并且足以抵补国外沉没成本的企业才有可能出口。此外，生产率的提升也有可能是企业进入出口市场后"出口中学"的结果。"学习效应"来源于三条途径。一是国外竞争促使降低产品成本、提高出口质量和改进技术。二是出口有利于企业扩大生产规模，实现规模经济。三是国外竞争促使企业减少 X—非效率，推动产品技术创新。

随着资本市场的发展，不少学者在新新贸易理论异质性企业模型的基础上，把受流动性约束（Liquidity - constrained）或者是信贷约束（Credit - constrained）的异质性企业作为比较优势新的来源与基础。受 Melitz（2003）模型的启发，Chaney（2005）首次将流动性约束引入异质性企业模型，认为面临较高流动性禀赋的企业将面临较少的融资约束，并且更容易进入出口市场。一些原本有出口利益可图的企业最终却并没有选择出口是因为这些企业缺乏充分的流动性。那些生产率较高的企业可以从国内销售中获得足够的流动性，更富有的企业拥有更大的流动性，因而有更大的出口动机。Manova（2006）进一步考察了不同国家的不同金融发展水平下面临信贷约束的异质性企业。研究结论是，金融发展程度较高的企业更有可能实现双边出口并成为出口者，这个现象对于外部融资依赖程度较高的企业而言更为显著。此外，信贷约束会产生"贸易逐序"（Pecking Order of Trade）现象。当所有国家选择较大的出口市场时，那些金融较为发达的国家拥有更多的贸易伙伴。Muuls（2008）将流动性禀赋及外部融资合约纳入一般均衡的分析框架中，认为具有较高信贷评级的企业更有可能选择出口。研究还发现，信贷约束能够影响贸易的外延边际（extensive margin，又称为贸易的广度）而不是集约边际（intensive margin，又称为贸易的深度），从而导致"贸易逐序"现象。

二　比较优势理论评述

通过对比较优势理论的梳理可以发现，学术界对于比较优势理论的解读尚存在一定的误区，如何准确理解比较优势理论并发挥其在开放型经济发展中的指导作用还需着重厘清以下这几组关系：

1. "静态"与"动态"的关系

李嘉图的比较成本理论和赫克歇尔—俄林的要素禀赋理论中诸如规模报酬不变、完全竞争市场、产品无差异、生产技术水平不变、要素在两国间完全不流动等一系列严格假定都具备"静态"特征，即认为比较优势是先天存在的，各国应该根据符合本国要素禀赋结构的原则实现社会分工与产品交换。而实际上，即使没有外生的、先天的比较优势，只要存在规模经济，两国依然可以选择不同的专业分工，创造出后天的比较优势。因此，比较优势并非静止和孤立存在，而是在经济的动态变化中实现。

2. "外生"与"内生"的关系

实际上，如果事前相同的个人选择不同的专业化水平生产不同的产品，只要专业化报酬递增，就可能存在比较优势。换句话说，只要存在规模报酬递增，就可能创造出"后天的"比较优势。从这个意义上来说，"斯密基于专业化报酬递增的分工经济概念要比李嘉图的比较优势概念重要得多"（杨小凯，2000）。因此，亚当·斯密基于专业化分工深化途径的比较优势属于"内生"比较优势，则李嘉图的比较优势则属于"外生"比较优势。

3. "国际"与"国内"的关系

由于内生比较优势的增进体现为专业化分工的深化，而随着专业化分工的深化，市场规模进一步扩大，交易效率进一步提高。"在市场规模和交易效率较低的情况下，自给自足便是均衡，无须国际贸易和国内贸易。随着交易效率的改进，国内贸易将因国内分工产生。随着交易效率的提高，市场规模进一步扩大，逐渐形成地方性社区和全国性市场。而在交易效率极高的情况下，有效率的分工水平使一个国家的经济规模无法适应，于是国际贸易因为国内贸易而产生"（杨小凯，1999）。可见，国际贸易和国内贸易都是折中专业化经济和节省交易费用两难冲突的结果。林毅夫（2003）强调，将"经济开放"作为经济增长的外生解释变量在逻辑上是错误的。这表明，国际贸易是由国内贸易发展而来的，国际市场与国内市场是相辅相成的。国内分工深化和经济发展的程度决定开放的水平，开放是发展的内生变量。

4. "宏观"与"微观"的关系

李嘉图比较成本理论、赫克歇尔—俄林的要素禀赋理论与以规模经济为代表的新贸易理论都假设贸易基础来源于要素禀赋或产业的要素密集度。上述理论对于贸易基础和贸易模式的分析停留于宏观国家或中观产业层面，对于微观企业却做简单的同质性假定。而新新贸易理论深入微观层面，认为企业生产率异质性可以作为贸易的基础和来源。由于企业的个体生产率差异以及出口决策会影响一国产业的总体生产率水平，因此，新新贸易理论是具有"动态"特征的。然而，其主要理论分支"自我选择"效应和"出口中学"效应都认为企业只要存在较高的生产率水平，就能够"自动"实现出口，从而成为推动产业总体生产率水平的动因，并构成国际贸易的基础。而事实上，基于异质性企业模型的生产率分析方法没有考虑到推动企业内部生产率增长的动因。"自我选择"效应和"出口中学"效应无法自动完成，很大程度上需要考虑企业内部决策主体企业家的影响因素。因此，从这个层面上来看，新新贸易理论无法很好地反映比较优势的内生动因。

5. "出口"与"进口"的关系

对于比较优势理论的理解往往倾向于认为"出口优于进口"。对于多数发展中国家而言，通过遵循符合要素禀赋原则的顺比较优势的发展战略，的确可以较好地实现出口创汇并促进本国经济发展。而实际上，比较优势原则本身并未否认"进口"的重要性。对于发展中国家而言，通过引进国外先进适宜技术与成套的成熟设备，可以更快地促进本国经济的增长。通过学习进口设备中蕴含的国外成熟的生产技术与管理经验，并从技术外溢与技术扩散中掌握先进技术知识，实现"干中学"，有利于发展中国家实现创新型增长与经济赶超。因此，如何在政策选择上权衡"出口导向"与"进口替代"的作用与利弊，实施符合本国比较优势的发展战略，具有重要的现实意义。

6. "供给"与"需求"的关系

比较优势理论中不管是基于国家与产业的分析还是后来基于企业层面的分析都往往从供给方，也就是从生产者的角度出发来构建理论模型。而现实中，比较优势发展战略的实现无法离开对市场需求的考虑。对于主要依靠劳动力等初级生产要素参与国际分工的发展中国家而言，一旦面临诸如金融危机或经济波动引起的需求骤减，大量企业将面临巨大的生存危机，影响比较优势进一步转化成比较利益。因此，在实现顺比较优势战略的同时，应适当考虑市场需求对比较利益的获取所构成的影响。

三　动态比较优势的测度

亚当·斯密的分工理论表明，比较优势不是一个静态意义上的概念，而是具备内生性和动态性的特征。Redding（1999）较为明确地给出了"动态比较优势"（Dynamic Comparative Advantage）的定义。即当一国在时点 t 上关于 i 部门生产活动的机会成本增加率比其他国家低时，该国在时点 t 上关于 i 部门的生产活动就具有"动态比较优势"。然而，动态比较优势在计量测度上的困难影响了对其理论研究的进一步深入。

由于动态比较优势增进体现为社会分工的深化，因此寻求社会分工深化的估算方法可为比较优势的测度提供可行路径。[①] 亚当·斯密（1776）强调人类社会组织的一个显著特点就是分工。他在《国富论》第一章中写道："实际上，各人先天能力上的差异比我们想象的小得多。成熟时显得不同凡响的俊才能人，在许多场合，与其说是天赋，还不如说是分工的结果。"[②] 亚当·斯密最早揭示比较优势的内生性可体现为专业化分工的深化，而制约分工深化的重要因素是市场规模的大小。他在"论市场规模对分工的限制"这节中如此论述："一个国家或地区的市场规模是制约分工程度的重要因素。市场越大，可能进行的分工越细，效率就越高。"分工程度的深化带来更多的交易环节和更高的交易效率，从而导致交易费用增加。只有当分工深化增加的交易成本小于分工深化增加的效率时，市场规模的扩大通过分工提高效率的可能性才能变成现实性。

杨格（A. Young，1928）[③] 提出，递增的规模报酬的实现依赖于劳动分工的演进与市场容量的互动。市场容量与分工程度存在互动关系，市场规模决定分工程度，但市场规模又受分工水平制约。[④] 两者

[①]　马克思（1933，Vol. 1，p. 368）曾将没有分工的"简单合作"与基于分工的合作相区分。

[②]　亚当·斯密强调人类社会组织的一个显著特点就是分工。

[③]　Allyn A. Young，"Increasing Returns and Economic Progress"，*The Economic Journal*，Vol. 38，No. 152，1928，pp. 527 – 542.

[④]　杨格在 1928 年的论文中使用"market size"或"market extent"，意指市场规模或市场容量。

的具体关系如图 2 - 1 所示。杨格认为"市场规模不是单纯的面积或人口，而是购买力"。这为市场规模的测度提供了可借鉴的思路。"有效购买力"可以表示为人均购买力和人口的乘积，单纯的人口规模不足以作为购买力的衡量指标。然而在人口给定的情况下，人均购买力的上升可以作为市场规模的一个有效测度。

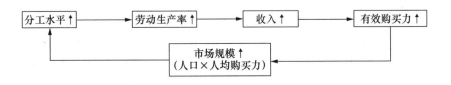

图 2 - 1　市场规模与分工深化的互动机理

迪克西特和斯蒂格利茨（Dixit & Stiglitz，1977）发现，即使两国的初始条件相同，不存在李嘉图意义上的外生比较优势，但如果存在规模经济，两国就可以选择不同的专业化分工，从而产生内生的（后天的）比较优势。D—S 理论认为，产品多样化与规模经济存在"两难冲突"。若从消费者考虑，产品种类越多越好；而从生产者考虑，产品种类却是越少越好。因为产品规模越大则成本越低。然而，市场规模的有效扩大却可以折中"两难冲突"。一个规模扩大的统一市场，会使生产率和产品种类同时增加。因此，市场规模的有效扩大可以作为以分工深化为途径的比较优势增进的重要体现。克鲁格曼进一步发展了 D—S 理论，将源自规模经济差异的比较利益，称为后天获得的比较利益。

杨小凯（2000）进一步发展了内生分工理论，将由分工深化为体现的比较优势增进概括为"分工是由分工的水平决定的"，表明经济中的递增报酬现象和市场规模与分工水平是一个硬币的两个侧面，是一个互为因果的反馈机制。杨小凯对内生分工理论的拓展偏重于交易效率的视角。通过采用新兴古典贸易理论证明，分工水平和市场规模同时被交易效率决定，即随着交易成本的降低和交易效率的提高，分工水平和市场规模同时获得提高。

而新制度交易成本经济学的"市场厚度"（market thickness）理论进一步发展了分工理论。"市场厚度"理论认为人类经济史可看作五个市场扩展阶段，即为无市场→零星市场→薄市场→厚市场→完全市场。当经济分工程度和市场规模较为有限时，无法形成支持专业化企业的中间产品同构需求，整个经济网络尚未形成，此时的市场为薄市场。而当随着交易成本的下降，企业的规模、数量、劳动分工程度、产品种类随着需求规模的扩大而增长，专业化分工和迂回生产程度不断加深，整个经济形成整合性的分工交易网络，此时的市场称为厚市场。John Mclaren（2003）将"市场厚度"理论推广到开放经济层面。认为全球化进程可以增进买卖双方交易效率，提高市场厚度。市场厚度的提高有利于对市场组织形成激励、降低套牢（hold-up problem）问题，并增进非一体化程度和非正式合约的履行效率。

可见，市场规模的有效扩大可作为社会分工深化的可行测度。而市场规模的有效扩大与社会分工的进一步深化又可促使比较优势的动态增进。然而，在真实世界中，上述比较优势如何转化为比较利益？尤其对于转型中的发展中国家而言，在要素价格体系扭曲、市场不完善的背景下产业和技术结构如何实现自动升级？资本深化、要素禀赋结构提升的关键动力源何在？为避免在国际分工过程中"低端锁定"命运，跳出"比较利益陷阱"，顺利实现比较优势演进，关键是化解要素禀赋结构升级中的信息障碍，寻求比较优势转化为比较利益的传导机制中的关键转化主体和动力源机制。而企业家是实现上述"转化"的关键主体。因此，深入研究和探索比较优势动态演进过程中的关键主体及其在真实世界中的传导路径，并寻求其与市场规模的联系机理具有重要的研究价值和现实意义。

第四节　本章小结

在国内外经济学发展史上，企业家理论的文献可谓汗牛充栋，但奥地利学派的企业家理论显得尤为重要和突出。奥地利学派的企业家理论强调企业家是市场主体，甚至认为整个市场经济实际上就是企业家经济。而企业家精神的关键特征是其创新创业精神。这种创新精神表现为对市场机会的发现，对市场原有均衡的破坏以及其独特的组织创新能力。企业家要素作为生产函数中的第四类生产要素，在经济发展中发挥着积极作用，这同样说明新古典经济学理论将企业家要素与一般劳动力所拥有的人力资本混为一谈造成了长期以来企业家理论的发展裹足不前。企业家人力资本属于特殊的生产要素，企业家人力资本与以劳动力熟练程度和平均受教育程度来衡量的一般人力资本有所不同，也不能等量齐观。因此，在实际理论建模中应将企业家人力资本与一般人力资本相分离纳入一般均衡的分析框架。

另外，对于中国这样的转型国家而言，在转型经济国家中，存在诸多的信息不对称和体制障碍，因此一国要素禀赋结构和产业技术结构不可能实现自动升级。因此，要素禀赋结构和产业结构升级应该依赖高级生产要素的参与来实现比较利益的获取。而不管是古典贸易理论中的李嘉图的比较成本理论还是赫克歇尔—俄林的要素禀赋理论的假设都具备静态特征，认为贸易的基础和源泉是"外生"和"先天的"比较优势。这种静态比较优势理论并不能很好地解释当前中国经济的困境和现状。显然，新形势下需要加强对比较优势理论的认识和理解。亚当·斯密强调只要存在专业化报酬的递增，就可能创造出"后天的"比较优势，这种比较优势具备"内生"和"动态"的特征，这种基于专业化分工的比较优势更能解释当前中国经济的现实。因此，在研究中国市场经济运行的过程中更应关注企业家所发挥的专业化分工作用及对经济增长的贡献。企业家通过对市场信息和知识的高效率的发现、利用、创造和传播的过程，实现要素配置的优化，因而成为比较优势转化为比较利益的"转化主体"和推动产业结构升级的动力源。

由此，本书的研究目的是在我国特有的体制转型与资源禀赋结构条件下探索企业家才能拓展与动态比较优势增进互动之规律；同时，对于比较优势增进的测度及如何增进动态比较优势等机理上的分析作进一步探讨以弥补现有文献存在的不足。

第三章 人力资本配置、全球价值链升级 与动态比较优势增进

长期以来中国凭借低成本要素优势融入全球价值链分工，易陷入"引进依赖"和"低端锁定"的困境，导致比较优势无法转化为比较利益。本章基于全球价值链分工的研究框架，认为高等人力资本是中国国内要素禀赋结构转换的重要因素，也是摆脱当前贸易规模和获利能力"错配"的关键。本章通过一系列的实证检验进行论证，首先构建基于垂直专业化的出口技术复杂度指数刻画中国各地区的全球价值链分工参与度，其次通过条件分位数回归模型和中介效应模型进一步检验人力资本的"结构效应"与"中介效应"，再次深入剖析人力资本对全球价值链持续升级的微观传导机制。本章研究结论表明，人力资本是推动全球价值链向高端持续攀升的核心主体和内生动力，人力资本的"显化"和"激活"对中国实现从"要素驱动"向"创新驱动"模式转变，推动中国比较优势的动态演化发挥积极的作用。

第一节 "全球价值链"演进升级中的 人力资本配置

当今新型的国际生产分工以全球价值链（Global Value Chain, GVC）为主要特征，即价值链在全球不同公司和不同地点形成生产分割，各国只专业化于生产流程中的特定阶段。这种"无约束生产"（unbundling production）方式促使贸易模式发生变革，从传统意义上

的"货物贸易"向"任务贸易"转变（WTO & IDE - JETRO，2011；UNCTAD，2013；WTO，2014）。自改革开放以来，中国参与全球生产分工的程度日益深化，取得"贸易增长奇迹"（China - is - special）（Hausmann，Huang & Rodrik，2007；Jarreau & Poncet，2012）。然而由于长期以来依托国内低成本要素融入全球价值链分工，易陷入技术"引进依赖"和价值链"低端锁定"的困境，比较优势无法转化为现实中的比较利益。

由此可见，国内外研究广泛关注中国在全球价值链分工体系中究竟处于怎样的分工地位，所获取的贸易增益是多少，中国应如何在全球价值链分工中进一步实现向高端位置攀升等。诸如此类研究亟须有效的量化手段来准确测度中国所处的全球价值链分工地位。已有文献采用垂直专业化（VSS）指数（姚洋、张晔，2008；Hummels，2008；盛斌、马涛，2008；王玉燕等，2014）来衡量中国参与国际"垂直分工"的程度。然而，垂直专业化的分析框架主要基于中观产业层面的考察，难以反映中国贸易规模和质量的双维特征，更无法从微观层面体现参与全球价值链分工所引致的"技术进步效应"和"要素配置效应"。不少学者从微观产品层面出发（Rodrik，2006；Scott，2007；Hausann，2008），采用产品技术复杂度指标来衡量中国出口制成品的结构或质量。近年来出口贸易中的加工贸易比重逐渐上升，产品生产过程中大量进口中间品的投入可能造成出口商品技术含量"高估"的"统计假象"，而无法准确反映中国真正参与全球价值链分工的程度。综合上述两种测度方法，构建基于垂直专业化的出口技术复杂度指数来测度中国的全球价值链分工地位，为进一步量化研究中国深度融入全球价值链分工问题提供了技术上的可能。

对于如何提升中国的全球价值链分工地位，大量研究侧重从外生因素角度解释。推动价值链升级的主要决定因素有 FDI 或加工贸易（Wang & Wei，2010；Xu & Lu，2009；Harding & Javorcik，2009）、基础设施（王永进，2010；马淑琴，2012）、制度环境（戴翔，2012；陈晓华，2014）等，而从人力资本等内生因素角度来解释的文献却相对较少，即便有相关文献肯定了人力资本在价值链升级中的积极作用（Wang & Wei，2008；唐海燕、张会清，2009），却依然缺乏相应的计量检验。事实上全球价值链的整合升级并非"自然演进"（WTO，2014）。在开放经济条件下，人力资本禀赋无疑是一个国家或地区经济增长的动力和技术进步的源泉。人力资本通过"干中学"实现"要素配置重组"，构成全球价值链不断升级的"内生动力"。因此本章研究旨在突破以往分析的局限，深入剖析人力资本在全球价值链升级中的内生性关键作用，为中国进一步提升国际分工地位提供可行路径。

第二节　文献回顾

人力资本是物质资本以外的高级生产要素（Schultz，1960；Becker，1962），具有报酬递增的属性，是生产函数的重要解释变量。内生增长理论认为，人力资本是一国经济增长的重要引擎。人力资本积累推动技术进步，是各国形成收入差距或生产率差异的主要原因。人力资本具有"外部性"特征（Lucas，1988）。卢卡斯认为，"干中学"影响人与人之间生产与交换的过程，从而影响社会总体经济发展绩效。人力资本"干中学"机制是指通过专业化生产具有比较优势的产品，实现生产技术的提高和生产经验的积累，人力资本得到累积，进而发挥生产要素规模报酬递增的效应。通过专业化生产过程中的"干中学"，产品生产过程不断创新，可以创造出"后天的"比较优势，实现经济的持续增长。因此，"干中学"体现为人力资本的专业化分工能力。

人力资本理论在开放经济条件下有了新的拓展。尼尔森—菲尔普斯（Nelson & Phelps，1966）认为，人力资本对经济增长和技术进步的影响往往是间接的，即通过影响技术追赶和技术扩散程度来促进经济增长。一国吸收和采用先进技术的能力取决于该国的人力资本存量。人力资本存量越高，则意味着对新技术的吸收能力和知识溢出效应越强，技术扩散速度越快。发展中国家通过人力资本的积累可发挥

"后发优势"，实现经济赶超。在开放经济的条件下，人力资本往往成为新知识吸收、消化和利用的媒介和载体，在技术进步和经济增长过程中起到中介和门槛作用，故人力资本的间接作用机制主要通过贸易开放或 FDI 两种渠道实现（De Locker，2007）。贸易开放影响人力资本的积累主要通过工资价格信号机制、信贷约束机制和知识技术溢出机制实现（陈开军，2014）；而 FDI 影响人力资本的积累主要通过"示范效应"和"锁定效应"实现（Long，2007；罗良文，2011）。本哈毕和斯皮尔格（Benhabib & Spiegel，1994）综合上述两派理论贡献，认为人力资本通过"直接"创造本土技术创新和"间接"影响新技术的消化吸收两种机制影响经济增长。

上述人力资本理论虽然解释了人力资本积累对经济增长和技术进步的贡献，却依然存在诸多不足。其一，虽然强调了开放经济条件对人力资本积累的重要性和后发国家通过人力资本积累实现技术赶超的可能性，却缺乏基于全球价值链分工背景的统一分析框架，即对于人力资本在全球价值链升级过程中的内生动力源机制的研究亟待进一步深入；其二，多数文献集中强调人力资本对新技术的消化吸收能力，但往往停留于理论层面分析而缺乏计量上的测度，而无法深刻揭示人力资本在推动技术进步过程中发挥的中介效应；其三，对于人力资本作用的探讨往往基于同质性的分析，并未深入考察人力资本结构上的异质性特征。由于人力资本的积累和显现具有长期性、隐蔽性和内生性的特征，故有关开放经济条件下人力资本对经济增长和技术进步的动力机制的研究往往为理论界所忽视。鉴于此，本章基于全球价值链的分工框架，首先测度中国各地区制造行业的全球价值链参与度；其次通过实证分析检验人力资本在全球价值链升级过程中的动力机制，明晰人力资本对全球价值链升级的作用机理；最后进一步检验人力资本推动技术进步和价值链升级的路径效应，从而为提升中国的国际分工地位提供可借鉴的思路。

第三节　指标测度与模型设计

一　全球价值链（GVC）参与度——基于垂直专业化（VSS）的出口技术复杂指数

为测度一国参与全球价值链分工的程度，主流做法是基于出口商品结构来考察。出口商品结构反映了一国内生于要素禀赋结构的比较优势。Hausman（2005）采用显性比较优势指数构建出口商品的技术复杂度（EXPY），即各地区工业制成品的出口技术复杂度可表示为出口商品 i 的各地区人均 GDP 的加权平均，即：

$$EXPY_i = \sum_{p=1}^{n} \frac{x_{ip} / \sum_{m=1}^{\infty} x_{mp}}{\sum_{p=1}^{n} (x_{ip} / \sum_{m=1}^{\infty} x_{mp})} Y_p \tag{3.1}$$

其中，x_{ip} 为地区 p 商品 i 的出口总额，$\sum_{m=1}^{\infty} x_{mp}$ 为地区 p 的总出口额，Y_p 为地区 p 的人均国内生产总值。一般来说，产品技术复杂度越高，表明该产品差异化程度越大，产品在国际市场上的替代弹性和需求价格弹性越小，比较优势越大。对于中国而言，随着参与全球价值链分工程度的日益深化，中国的出口贸易中的加工贸易比重逐渐增加，出口商品中包含了越来越多的进口中间品投入，Hausman（2005）的测度指标无法准确反映中国出口商品真正的技术复杂度，易造成出口品技术含量高估的"统计假象"，故实际核算中应将生产环节中的进口中间品投入剔除。国内学者姚洋、张晔（2008）采用直接剔除出口商品中的来料加工与进料加工等进口中间品投入的方法估算中国制造业的垂直专业化程度，但较为粗略；Hummels、Ishii 和 Yi（2001，以下简称 HIY）利用投入产出表剔除出口商品中的进口含量来估算出口商品的垂直专业化率。本章沿用 HIY 基于垂直专业化的逻辑思路，改进 Hausman 的测度方法，构建基于垂直专业化的出口技术复杂度，从而准确反映中国制造业参与全球价值链分工的程度。

由于禀赋条件、地理条件、制度条件等差异，中国各地的经济发展呈现显著的区位差异特征，因此需要构建省际层面的出口技术复杂度。笔者采用 HIY 方法首先估算制造业各行业出口商品的垂直专业化率（VSS），其次估算中国 31 个省、市、自治区的出口商品国内技术复杂度（DTS）。具体测算过程中，采用中国 2002 年、2007 年编制的投入产出表①，参照 CCER 课题组（2006）和盛斌、马涛（2008）的方法估算分行业垂直专业化率，即：

$$VSS = \frac{1}{X} u A^M (I - A^D)^{-1} X^V \tag{3.2}$$

其中，VSS 为垂直专业化率，A^M 为进口系数矩阵，A^D 为国内消耗矩阵，u 为单位向量，X^V 为各行业出口向量，X 为出口总额，$(I - A^D)^{-1}$ 为列昂惕夫逆矩阵。则分地区的国内技术复杂度可表示为：

$$DTS_n = \sum_{i=1}^{m} \frac{(1 - VSS_i) x_{in}}{\sum_{i=1}^{m} (1 - VSS_i) x_{in}} EXPY_i \tag{3.3}$$

其中，VSS_i 表示分行业的垂直专业化率，x_{in} 表示分地区分行业出口额，$EXPY_i$ 表示分行业的出口技术复杂度。上述测度方法涉及产品—行业—地区的三维数据结构，故测算过程中需要做降维处理，根据盛斌（2002）提供的国民经济行业分类标准（GB/4657—2002）与国际商品协调编码（HS）间的对照表，将制造业部门分类与产品分类标准相匹配，得到 19 个制造业部门的出口复杂度。② 表 3 - 1 是全国各地区以国内技术复杂度来衡量的全球价值链参与度。数值越高，则表明该地区出口产品的技术复杂度越高，参与全球价值链分工程度越高。表中数据呈现明显的规律性特征，近年来各地区的制造业产品

---

① 由于中国的投入产出表每隔 5 年编制一次，故将 2003—2006 年的垂直专业化率采用 2002 年的投入产出表数据估算，2008 年的垂直专业化率则采用 2007 年的投入产出表数据估算。

② 19 个工业制造业部门分别为煤炭开采业、石油和天然气开采业、金属矿采选业、非金属矿采选业、食品制造及烟草加工业、纺织业、服装皮革羽绒及其他纤维制品制造业、木材加工及家具制造业、造纸印刷及文教用品制造业、石油加工及炼焦业、化学工业、非金属矿物制品业、金属冶炼及压延加工业、金属制品业、机械工业、交通运输设备制造业、电气机械及器材制造业、电子及通信设备制造业、仪器仪表及文化办公业。

技术复杂度持续提升，并保持较高的年均增长率。各地制造业分工更为精专化，产品内分工程度更为深化，参与全球垂直分工的程度逐年提升。

表 3－1　　　　全球价值链（GVC）参与度的分地区统计结果①　　　单位：元

省（区、市）	2002 年	2003 年	2004 年	2005 年	2006 年	2007 年	2008 年	年均增长率（%）
北京	13956.62	16617.45	21405.65	25203.94	29780.00	33570.48	37382.49	23.98
天津	14405.46	16833.11	22138.68	25913.83	30056.27	33321.77	37086.73	22.49
河北	10346.98	11774.96	13948.82	16240.87	19244.89	23234.81	28778.69	25.45
山西	9680.80	11137.21	12855.68	16520.38	20108.04	22424.59	27562.44	26.39
内蒙古	9854.38	10955.32	12785.51	18910.37	18857.49	19885.90	23833.79	20.27
辽宁	13023.50	15161.46	18291.45	20833.86	23967.68	27263.68	31170.35	19.91
吉林	10688.23	12259.84	14242.69	17115.66	20118.48	23310.10	26787.71	21.52
黑龙江	11298.54	12427.29	14808.01	17024.52	20823.14	24199.98	26657.71	19.42
上海	13105.17	15727.55	19957.55	23096.15	26246.72	29977.11	34138.42	22.93
江苏	12667.16	15378.79	19085.51	22548.56	26007.78	30425.63	34559.93	24.69
浙江	11304.39	13100.30	15976.65	18783.80	22365.21	25570.53	29186.37	22.60
安徽	10671.47	12605.09	15470.45	18379.12	21036.43	24585.22	28359.54	23.68
福建	12061.48	14225.25	17415.18	20423.57	23401.22	28846.67	33169.08	25.00
江西	10091.75	11423.49	13350.87	15369.36	18632.52	21937.28	25385.73	21.65
山东	11437.51	13168.75	16296.30	19327.37	22461.63	25685.27	29955.14	23.13
河南	10151.43	11606.14	13647.39	15808.07	18561.60	22035.31	27062.47	23.80
湖北	11025.96	13063.03	15758.59	17866.84	20940.24	26422.15	30556.67	25.30
湖南	10260.03	11930.70	14105.28	16409.91	18673.42	23258.71	27614.37	24.16
广东	13547.38	16154.27	20182.77	23719.15	27266.79	31692.17	36348.99	24.04
广西	9649.97	11183.29	13431.65	15808.87	18650.56	22912.30	27286.33	26.11
海南	10796.10	11824.75	13249.70	15846.79	17929.04	20083.94	24742.30	18.45
重庆	11092.87	13316.04	15933.71	18325.87	21288.02	24739.21	29011.48	23.08

① 囿于数据可获得性的局限，笔者对全国各地区 2002—2008 年基于垂直专业化的出口技术复杂度进行了估算。

续表

省(区、市)	2002 年	2003 年	2004 年	2005 年	2006 年	2007 年	2008 年	年均增长率(%)
四川	13755.62	15529.45	17950.40	19958.16	23716.47	28828.85	33737.88	20.75
贵州	8977.62	11434.10	14664.45	16141.29	16934.13	19604.00	24511.01	24.72
云南	9161.14	10562.51	12353.47	14121.83	16615.70	19260.43	23338.88	22.11
西藏	12304.93	13167.34	15841.81	18547.85	21090.65	24269.91	26920.15	16.97
陕西	12088.14	14559.44	17959.71	20443.53	22513.08	26453.70	31724.15	23.21
甘肃	9508.98	11387.41	12738.15	16583.40	18676.96	22097.14	26774.86	25.94
青海	8951.50	10280.62	11508.82	14577.01	16154.55	19869.72	22738.71	22.00
宁夏	9115.73	10370.33	12156.22	14065.81	16216.87	18913.82	22842.36	21.51
新疆	10620.05	12479.58	14573.02	16716.96	19103.84	22480.27	25478.14	19.99
全国	11148.42	12956.29	15615.62	18407.51	21207.72	24747.12	28861.38	22.74

资料来源：数据来源于各年度《中国统计年鉴》与国研网对外贸易数据库。表中数据为笔者计算后的结果。

二　人力资本禀赋

人力资本禀赋决定于劳动力知识、技能等方面的差异（Schulz，1990）。由于人力资本禀赋存在测度上的困难，一般地，主要有人均产出和受教育程度两种衡量方式。笔者采用 Barro 和 Lee（1993）、陈钊（2003）的方法，以平均受教育年限来核算人力资本。并将人力资本按受教育程度的不同简单划分为小学（H_{1t}）、初中（H_{2t}）、高中（H_{3t}）和大学（H_{4t}），则总量人力资本禀赋指标 H_t 可表示为 $H_t = (6H_{1t} + 9H_{2t} + 12H_{3t} + 16H_{4t})/pop_t$，其中 pop_t 为年末总人口数。根据 Caselli 和 Coleman（2001）的划分标准，按照人力资本禀赋由于受教育程度不同而体现的异质性特征，对人力资本结构分解，以小学和初中受教育水平作为初等人力资本（low），高中受教育水平作为中等人力资本（middle），大学受教育水平作为高等人力资本（high）。表 3-2 是全国 31 个省、市、自治区 2001—2009 年主要年度人力资本禀赋存量。

表 3 – 2　　全国 31 个省、市、自治区 2001—2009 年主要年度
人力资本禀赋存量

地区	2001 年	2003 年	2005 年	2007 年	2009 年
北京	13812.46	15067.50	16434.75	18102.31	19607.86
天津	9021.04	9351.30	9921.95	10935.60	12344.91
河北	51847.99	56718.98	55969.20	56703.60	59264.38
山西	26247.94	27834.49	28239.47	29784.85	30422.72
内蒙古	18443.69	18485.80	19620.93	20098.19	20574.51
辽宁	35269.85	37555.25	36917.25	38626.20	39895.82
吉林	22173.10	23529.21	22999.88	23959.53	24389.58
黑龙江	31441.06	32080.94	32317.13	33258.90	33461.05
上海	15012.69	17325.05	17825.74	19424.64	20452.71
江苏	57760.91	56953.56	60801.31	64302.23	66018.25
浙江	34426.83	36313.29	37291.97	41014.60	43534.47
安徽	44192.86	49122.52	43076.20	44324.80	46726.28
福建	25766.25	26463.39	26664.44	27741.41	30272.28
江西	31610.99	35281.38	32467.56	36021.59	37774.81
山东	68558.53	71647.64	71411.73	77048.37	78724.47
河南	73757.44	77014.61	74904.11	76589.70	79571.59
湖北	46396.72	47534.32	44665.22	48004.75	48555.26
湖南	51433.62	53645.41	50550.54	53506.88	54229.01
广东	62844.93	63699.45	76907.45	82018.84	85505.53
广西	36251.39	37728.55	35693.05	38298.86	39312.56
海南	6109.86	6638.54	6713.96	7034.37	7290.10
重庆	22532.53	24005.42	20682.38	21750.69	22683.59
四川	61039.98	64520.86	56147.49	60412.61	62975.17
贵州	23357.24	26656.95	23939.71	25743.57	26895.55
云南	27155.48	26430.68	28381.30	30627.74	31564.12
西藏	901.98	1045.93	1035.54	1311.42	1319.00
陕西	28219.07	29927.45	29992.01	31484.67	32380.90
甘肃	16838.81	18321.27	17794.85	18487.54	19215.43
青海	3198.53	3587.21	3669.65	3962.63	4150.73
宁夏	3958.67	4263.75	4395.46	4771.40	5137.02
新疆	14495.96	16199.13	16488.60	17831.25	18689.44

注：采用该地区从业人员数与平均受教育年限乘积来表示。

三 其他控制变量

在开放经济条件下，人力资本、基础设施和内向型 FDI 是影响中国全球价值链分工地位的主要因素。除上述因素之外，笔者认为还需纳入其他外生解释变量的影响。模型设计中纳入主要变量有：①市场规模指标（scale）。主要指国内市场规模，以各地区社会消费品零售总额来表示。"斯密定理"表明，市场交易源于分工，并反过来促进分工。劳动分工程度受制于市场规模的扩大，意味着市场规模的扩大深化劳动分工。Krugman（1979）、余淼杰（2010）的研究亦表明中国制造业价值链的提升与国内市场规模的扩大有关。②政府干预程度指标（gov）。以各地区财政支出来表示。政府通过矫正"市场失灵"，鼓励企业出口和技术创新，有利于产品技术复杂度的提升和价值链升级。③基础设施指标（infra）。以各地区公路里程数占 GDP 比值来表示。[①] ④内向型 FDI。以各地区实际利用外资额来表示。上述变量在回归模型中均采用对数形式表示。

第四节 全球价值链演进升级的影响动因
——基于人力资本"结构效应"的条件分位数回归

普通最小二乘估计实际上是均值回归，由于仅仅考察解释变量 x 对被解释变量 y 的条件期望 $E(y \mid x)$ 的影响，而掩盖了大量信息量。而实际计量分析中上往往需要反映 x 对整个条件分布 $y \mid x$ 的影响，此时采用条件分位数回归较为合适。这意味着可采用条件分位数回归模型分析价值链攀升的影响动因。表 3 – 3 为全国 31 个省（区、市）总量人力资本对价值链作用机制的普通最小二乘估计（OLS）结果和采用 Bootstrap 计算协方差矩阵的条件分位数回归结果。表 3 – 3 结果显

---

① 根据林毅夫（2012），基础设施主要分为"硬件"基础设施和"软件"基础设施两种。前者具体包括电力、通信、港口、道路等公用事业；后者具体包括制度、法规、社会资本、价值体系和其他社会安排等。由于数据可得性的限制，本书主要测度"硬件"基础设施。

示，总量人力资本对全球价值链攀升的"推拉"作用在不同分位上均表现得非常显著。其中最低10%和最高10%的总量人力资本对价值链提升的弹性值分别达到0.62和0.465，表明低分位和高分位人力资本分别投入1%，中国在全球价值链上的分工地位提升0.62%和0.465%左右。市场规模对价值链提升的影响效应为负，表明国内市场规模的扩大并没有直接促进价值链分工地位的提升，"斯密动力"并不显著。

表3-3　全球价值链升级动因：基于OLS和Bootstrap条件分位数全样本回归结果

	(1) ols	(2) q10	(3) q50	(4) q90
lnh	0.508 ***	0.620 **	0.389 *	0.465 ***
	(0.127)	(0.266)	(0.220)	(0.175)
lnscale	-0.330 ***	-0.248 ***	-0.293 ***	-0.341 ***
	(0.0552)	(0.0887)	(0.0655)	(0.109)
lngov	0.601 ***	0.621 ***	0.598 ***	0.542 ***
	(0.0618)	(0.0904)	(0.0685)	(0.106)
lninfra	0.168 ***	0.183 ***	0.183 ***	0.144 **
	(0.0309)	(0.0541)	(0.0355)	(0.0581)
lnfdi	0.0874 ***	0.0598	0.0791 ***	0.0982 **
	(0.0167)	(0.0410)	(0.0258)	(0.0401)
常数项	5.519 ***	4.628 ***	5.559 ***	6.251 ***
	(0.286)	(0.690)	(0.448)	(0.461)
观测值	217	217	217	217

注：括号内为标准误。*** 表示 $p<0.01$，** 表示 $p<0.05$，* 表示 $p<0.1$，ols为最小二乘回归结果。因篇幅所限，表中仅列示q10、q50、q90三个分位点结果，分别表示被解释变量在10分位点、50分位点和90分位点通过Bootstrap迭代300次得到的分位数回归结果。

主要原因在于：国内市场规模的扩大与价值链升级之间存在非线性的相关关系，即市场规模扩大对价值链升级存在明显的"阈值"，人力资本可能充当"门槛"或中介。只有当市场规模持续扩大到一定程度，才能蕴发人力资本的分工深化，两者的良性互动推动价值链升级。研究结果显示，政府干预对价值链提升的促进作用非常显著。发展中国家的地方政府在产业结构升级中扮演重要角色（林毅夫，2012）。其主要职能在于：其一，通过提供信息、补偿外部性及协调和改善基础设施；其二，政府可通过财政补贴、税收减免等措施干预和保护具有比较优势的产业；其三，政府通过提供必要的信息和协调保护企业创新成果，帮助创新企业勇于试错并享有创新租金。总体来说，地方政府通过咨询引导、财政补贴、税收减免等方式促进企业实现"诱致型技术创新"，有利于出口企业提高产品技术含量。此外，基础设施投资的增加也有利于价值链升级。基础设施通过直接的要素投入和间接的"规模效应"和"网络效应"促进经济增长（刘生龙、胡鞍钢，2010；王永进，2010）。

中国各地区的经济发展状况呈现空间非均衡、非对称特征，其中以东部地区开放程度较高，人力资本也较为丰裕，图3-1刻画了东部地区各变量系数在不同分数位上的动态分布趋势图。从图中结果可以看出，东部地区人力资本对价值链提升的正向促进效应比较显著，两者之间存在"由降转升"的"U"形关系。这个看似"意料之外"的结果却揭示了一个值得关注的现象：尽管近年来东部地区产业结构升级较快，但出口方式"两头在外"的特征较为明显，生产流程依赖于引进创新和模仿创新，真正的技术创新较少，因此，处于中低端的非熟练劳动力依然对价值链提升产生一定的作用。然而长此以往，这种"低端嵌入"价值链的生产方式可能构成技术升级的"瓶颈"制约，透支出口增长潜力，导致经济陷入"低水平均衡陷阱"。可见进一步提升中、高等人力资本的边际生产力，充分发挥其"外部性"效应，有利于实现"效率反转"，助推价值链向高端攀升。

表3-4是人力资本禀赋对价值链位势的不同分位水平上Bootstrap条件分位数分组回归结果。人力资本禀赋结构上的异质性特征使分组回归结果呈现显著差异。通过人力资本的"结构分解"可以发现，初等人力资本对价值链升级存在一定的抑制效应，意味着初等人力资本

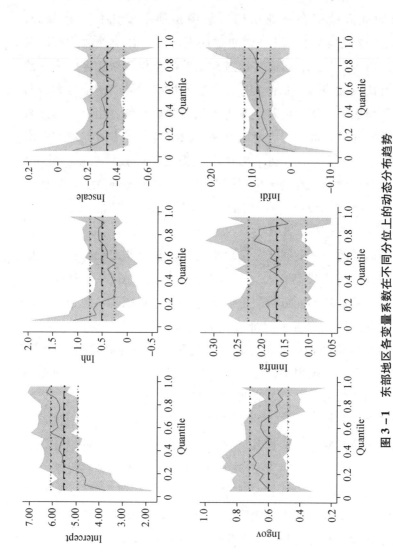

图 3 – 1 东部地区各变量系数在不同分位上的动态分布趋势

注：图中三条虚线表示用 OLS 方法（条件均值回归）得到的系数点估计值及其 95% 置信区间上下界；灰色区域及其中线段分别表示条件分位回归模型系数的 95% Bootstrap 置信区间和点估计值；纵轴刻度 0 处的水平线是基准参考线。

表3-4　基于人力资本"结构效应"的 Bootstrap 条件分位数分组回归结果

	初等人力资本			中等人力资本			高等人力资本		
	(5) q10	(6) q50	(7) q90	(8) q10	(9) q50	(10) q90	(11) q10	(12) q50	(13) q90
lnlow	-0.529* (0.308)	-0.598*** (0.174)	-0.419 (0.337)						
lnmiddle				0.259** (0.115)	0.210*** (0.0740)	0.185*** (0.0642)			
lnhigh							0.150** (0.0647)	0.127*** (0.0480)	0.162*** (0.0577)
lnscale	-0.0645 (0.138)	-0.141** (0.0704)	-0.289** (0.117)	-0.156 (0.102)	-0.301*** (0.0558)	-0.400*** (0.0982)	-0.221* (0.113)	-0.240*** (0.0599)	-0.292** (0.118)
lngov	0.465*** (0.129)	0.516*** (0.0668)	0.505*** (0.129)	0.576*** (0.101)	0.651*** (0.0669)	0.623*** (0.0980)	0.526*** (0.120)	0.578*** (0.0720)	0.488*** (0.125)
lninfra	0.170*** (0.0429)	0.199*** (0.0312)	0.106 (0.0767)	0.187*** (0.0597)	0.173*** (0.0343)	0.131** (0.0544)	0.168*** (0.0531)	0.170*** (0.0368)	0.164*** (0.0596)
lnfdi	0.0200 (0.0478)	0.0476** (0.0195)	0.112*** (0.0319)	0.0163 (0.0434)	0.0539*** (0.0208)	0.108*** (0.0341)	0.0674* (0.0402)	0.0520** (0.0247)	0.0864** (0.0358)
常数项	7.050*** (0.660)	7.176*** (0.272)	7.708*** (0.654)	6.019*** (0.383)	6.362*** (0.180)	6.946*** (0.388)	6.281*** (0.479)	6.528*** (0.196)	7.329*** (0.377)
观测值	217	217	217	217	217	217	217	217	217

注：括号内为标准误。***表示 $p<0.01$，**表示 $p<0.05$，*表示 $p<0.1$，ols 为最小二乘回归结果，q10、q50、q90 分别为对应被解释变量在 10 分位点、50 分位点和 90 分位点采用 Bootstrap 迭代 300 次得到的分位数回归结果。

的增加反而会降低出口产品复杂度，不利于价值链升级。一个典型的现象是伴随我国各地产业结构的转型升级，资本、技术密集型等资本深化行业呈现劳动节约型技术进步，资本要素"替代"劳动要素，劳资博弈导致 K/L 比例提升。由此，大量低技能劳动力或非熟练劳动力"供大于求"，被"挤出"就业市场，"民工荒""技工荒"等结构性失业现象严重。相比而言，中、高等人力资本等熟练劳动力对价值链升级的促进效应则非常显著。主要原因在于：其一，产业结构的优化升级往往和引进先进的技术设备有关。引进的先进技术设备中由于蕴含了丰富的"物化型知识"或"体现型知识"（embodied knowledge）而引致"技能偏态型技术进步"，参与的劳动力只有具有更高的技能与更高的受教育程度，才能应用新型技术设备进行生产（姚先国，2005）。因此，技术进步本身改变了劳动力市场的就业结构，中、高等人力资本与高级化的产业结构"匹配程度"更强。其二，熟练劳动力对新知识、新技术消化吸收的能力更强，将进口资本品内部化的能力也更强，产生"有偏学习效应"（Acemoglu，2003；潘士远，2007）。熟练劳动力所拥有的"know – how"和进口机械品等物质资本要素形成有效"互补"，促进"干中学"效应充分发挥（Mayer，2001），产品技术含量得到进一步提升。

第五节　全球价值链演进升级的微观机制
——基于人力资本"中介效应"的检验

人力资本、市场规模、政府干预、基础设施和内向型 FDI 是产品技术复杂度提升和全球价值链升级的决定因素，而人力资本的"结构效应"对全球价值链升级产生差异性的影响。然而上述回归分析仅仅反映变量间一果多因的联系，为进一步检验人力资本在全球价值链攀升中的主导作用与其与市场规模、政府干预、基础设施和 FDI 等其他外生变量的相互联系，反映这些变量之间多因多果的联系，可采用统计学中的"中介效应"模型进行分析。如果自变量 X 通过某一变量 M

对因变量 Y 产生一定影响，则称 M 为 X 和 Y 的中介变量（mediator）。根据上面分析，笔者将代表熟练劳动力的高等人力资本要素作为联立方程的中介变量，检验其影响全球价值链升级的微观"传导机制"。图 3 - 2 是人力资本中介效应路径图。根据上述分析，构建中介效应模型如下：

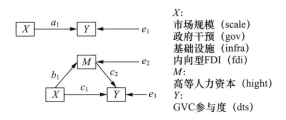

X:
市场规模（scale）
政府干预（gov）
基础设施（infra）
内向型FDI（fdi）
M:
高等人力资本（hight）
Y:
GVC参与度（dts）

图 3 - 2　人力资本中介效应路径

$$\mathrm{dts}_t^i = a_0 + a_1 \times X_t^i + \varepsilon_{1t}^i \tag{3.4}$$

$$high_t^i = b_0 + b_1 \times X_t^i + \varepsilon_{2t}^i \tag{3.5}$$

$$\mathrm{dts}_t^i = c_0 + c_1 \times X_t^i + c_2 \times high_t^i + \varepsilon_{3t}^i \tag{3.6}$$

其中，t 代表年份，i 代表各省份，ε_{1t}^i、ε_{2t}^i、ε_{3t}^i 为随机扰动项且服从均值为零，方差有限的正态分布。dts 为各地区全球价值链分工参与度，$high$ 为高等人力资本禀赋，X 分别为市场规模因素、政府干预因素、基础设施因素、内向型 FDI 因素等解释变量。式(3.4)表示各个解释变量对各地区全球价值链分工参与度的总效应，系数 a_1 衡量总效应的大小，式(3.5)表示各解释变量对中介变量即高等人力资本的影响效应，系数 b_1 表示影响程度的大小，式(3.6)表示各影响动因对各地区全球价值链分工参与度的直接效应，将式(3.5)代入式(3.6)得到：

$$\mathrm{dts}_t^i = (c_0 + c_2 b_0) + (c_1 + c_2 b_1) \times X_t^i + \varepsilon_{4t}^i \tag{3.7}$$

其中，系数 $c_2 b_1$ 衡量的是中介效应，即各影响动因通过人力资本的"中介效应"对各地区全球价值链分工参与度的影响程度。根据温忠麟(2004)的因果步骤法，首先检验系数 a_1 的显著程度，其次依次检

验 b_1、c_2 的显著程度。如果都显著，说明 X 对 Y 的影响至少一部分通过中介变量 M 实现，第一类错误小于或等于 0.05，则进一步检验系数 c_1 的显著程度，若 c_1 不显著，则为 Judd 和 Kenny（1981）定义的完全中介过程；若 c_1 显著，则为 Baron 和 Kenny（1981）定义的部分中介过程。表 3 - 4 是根据因果步骤法进行人力资本中介效应的 Bootstrap 回归估计结果。根据中介效应检验的判定条件，证实人力资本"中介效应"的存在，即人力资本在解释变量和被解释变量之间发挥"链接机制"的作用。

表 3 - 5 是人力资本中介效应的检验结果。结果表明，市场规模、政府干预和内向型 FDI 通过人力资本的中介效应对全球价值链升级的影响作用较为显著，即判定存在部分中介效应。根据中介效应量计算结果，市场规模、政府干预和内向型 FDI 通过人力资本发挥的中介效应分别高达 16%、7.78% 和 21.29%，其中内向型 FDI 经由人力资本渠道发挥的中介效应最强。对发展中国家而言，新技术的有效扩散与当地人力资本所拥有的"适应性知识"（adapting knowledge）有关，即人力资本具有利用和转化新技术并使之适应当地生产条件的经营管理能力。一旦发现"适宜差距"的新技术，内向型 FDI 便可能经由人力资本中介的消化、吸收、学习、模仿和实施过程发挥"外溢效应"和"示范效应"，从而加速嵌入全球价值链生产体系（Lall，2005）。此外，随着经济开放程度的提高，人力资本专业化分工能力进一步提高，当地人力资本从事更"狭窄"区域内的"干中学"（narrow learning），从而有效缓解市场规模扩大和消费者需求多样化的"两难冲突"。一旦跨越一定的人力资本门槛，市场规模的扩大和人力资本的"干中学"合成"斯密动力"，推动价值链整合升级。而政府干预通过人力资本的中介作用间接推动价值链升级，表明政府财政支持有利于促进企业创新的"正反馈机制"，实现相关利益主体间的"激励相容"。结果同时表明，基础设施通过人力资本的中介效应影响价值链提升的效应并不显著，意味着基础设施很可能直接影响价值链提升。

表3－5　　　　　　人力资本中介效应的 **Bootstrap** 回归估计结果

模型	解释变量	被解释变量	标准化系数	标准误	t 值（P 值）
第一步	scale	dts	0.4861	0.0603	8.07 ***
	gov		0.6607	0.0438	15.1 ***
	infra		0.1517	0.0638	2.38 **
	fdi		0.4377	0.0652	6.71 ***
第二步	scale	high	0.3935	0.0824	4.78 ***
	gov		0.3401	0.0755	4.5 ***
	infra		− 0.4383	0.0923	− 4.75 ***
	fdi		0.5127	0.0825	6.22 ***
第三步	scale	dts	0.4083	0.063	6.48 ***
	high		0.1977	0.0762	2.6 ***
	gov		0.6093	0.044	13.84 ***
	high		0.1511	0.0724	2.09 **
	infra		0.3822	0.0617	6.2 ***
	high		0.5259	0.0623	8.44 ***
	fdi		0.3445	0.0716	4.81 ***
	high		0.1817	0.0773	2.35 **

注：表中结果根据式（3.4）—式（3.6）和温忠麟的三步因果步骤法实现。回归采用 Bootstrap 迭代 300 次进行估计，回归系数采用标准化系数，标准误差为 Bootstrap 标准误差。

表3－6　　　　　　　人力资本中介效应的检验结果

被解释变量	解释变量	中介变量	总效应	直接效应	中介效应	中介效应量
Y	X	M	a_1	c_1	$c_2 b_1$	$c_2 b_1 / a_1$
dts	scale	high	0.4861	0.4083	0.0778	16%
	gov		0.6607	0.6093	0.0514	7.78%
	infra		0.1517	0.3822	− 0.2305	—①
	fdi		0.4377	0.3445	0.0932	21.29%

---

　　① Shrout 和 Bolger（2002）指出当 $c_2 b_1$ 和 c_1 方向相反时，$c_2 b_1 / a_1$ 的值可以为负，甚至小于 − 1，此时该数值不是一个比值，不能表示中介效应量。Shrout 和 Bolger（2002）建议 $c_2 b_1 / a_1$ 作为中介效应量应在方向相同时使用。参见 Mackinnon（2008），方杰、张敏强（2012）。故此处不报告中介效应量。

第六节　本章小结

近年来，中国逐渐融入全球价值链分工体系，虽然获得了一定的"任务贸易"，却未能获得相应的比较利益。主要原因在于：其一，国内加工贸易中的进口中间品比重较大影响了贸易增益空间；其二，成本高企、资源错配的内在约束导致"要素投入驱动型"的增长模式弊端凸显，传统的要素红利逐渐消失；其三，制造业行业的转型升级和国内要素禀赋演进之间存在"动态耦合"关系，要素禀赋结构的动态转换"倒逼"制造业转型升级。显然，如何突破静态比较优势的束缚，升级国内要素禀赋结构是引导中国制造业摆脱路径依赖、深度融入全球价值链分工体系，实现分工地位向高端攀升的关键。本章研究认为，人力资本的"显化"和"激活"是当前要素禀赋结构转换的重要因素，是中国国际分工地位持续升级的关键主体和内生动力。

本章采用基于垂直专业化的产品技术复杂度指数构建中国各地区的全球价值链参与度，研究发现人力资本通过"干中学效应"和"要素配置效应"，重塑生产函数并推动价值链升级，是经济增长和产业结构升级的重要解释变量和内生动力源。通过人力资本的结构分解表明，中、高等人力资本通过资本品的内部化产生"有偏学习效应"，对价值链攀升的积极效应更为显著。进一步研究表明，市场规模、政府干预、内向型 FDI 等因素通过人力资本的"中介效应"显著促进全球价值链攀升，其中人力资本的提升和市场规模的拓展有利于形成"斯密动力"，促进价值链升级；内向型 FDI 作为技术扩散的主要渠道，通过人力资本的消化吸收作用促进价值链升级；各级政府通过对人力资本积累的"因势利导"促进价值链升级。

发展中国家参与全球价值链的整合升级普遍经历工艺升级、产品升级、功能升级和部门升级四个演化阶段。而处于价值链高端的研发、设计、营销、品牌等高附加值活动往往更依赖于一国人力资本的专业化分工和"要素整合创新"。本章研究具有重要的政策启示。首先，应调整和优化人力资本结构。通过加强高等教育、职业教育的投入，增加熟练劳动力的供给，加快培育高级技术人才、管理人才。其次，提升人力资本结构和产业结构的产需匹配程度。通过促进人力资本的流动性，打破地区劳动力市场分割的局面，提高人力资本和物质资本的"互补"程度。最后，强化市场化导向的制度变革鼓励技术创新。通过知识产权等一系列产权保护制度保障技术人才、管理人才的投资经营回报，促进研发成果的实际应用和转化。因此，推进"人口红利"向"人力资本红利"的转化，发挥高等人力资本在经济增长和技术进步过程中的"中介作用"和传导机制是推动价值链向高端攀升，实现中国从"要素驱动"向"创新驱动"模式转变，促进中国比较优势动态演化的关键。

第四章　企业家才能配置、全要素生产率提升与动态比较优势增进

　　发展中国家的经济增长一般遵循物质资本积累→人力资本积累→内生技术进步的发展轨迹。然而，对当前处于转型与开放中的中国而言，改革前期单纯依靠劳动、资本投入的生产模式导致经济现今出现效率低下和结构扭曲的问题。由此，经济的持续增长应实现"动力转换"，即应摆脱过去粗放型经济增长方式，转而更多地依靠人力资本和技术进步，实现全要素生产率的增长。而企业家作为具有异质性特征的人力资本，是实现全要素生产率增长和比较优势增进的关键动力源。企业家创新的特质在于其属于熊彼特意义的创新，与一般专业技术人员所实现的狭义技术创新有所不同。企业家通过对"一揽子要素"的优化配置实现"干中学"，从而驾驭技术创新而又高于技术创新。本章首先总结概括企业家创新的主要特征，并测度创新能力较为突出的民营企业家才能；其次将企业家才能与一般专业技术人员所拥有的人力资本相区别，构建一个包含企业家才能的新的内生增长模型框架，分析其对于全要素生产率增长的关键作用；最后以民营企业家资源较为丰裕的中国东部地区为例，通过实证检验进一步论证企业家才能配置对全要素生产率增长和动态比较优势增进的影响作用与实现路径。

第一节　企业家才能测度与"新常态"经济下的企业家才能配置

　　企业家才能属于异质性人力资本要素，是生产函数中的第四类生

产要素。企业家才能主要体现为企业家的创新能力。企业家创新可以从其创新的属性、过程和阶段等几方面来考察。企业家创新具有要素报酬递增的生产力属性。由于企业家所拥有的知识和管理才能往往体现为特殊的技能和诀窍，难以模仿和复制。因此，企业家创新的实现有利于其所经营的企业进一步获取垄断租金并获取高额利润，从而确保企业高效地运行和发展。

奥地利学派的代表人物熊彼特将企业家的创新过程细分为采用新产品、引进新技术、开辟新市场、控制原材料的新供应来源与实现新组织形式五个层次。笔者认为，上述五个层次实际上可以简要概括为三个层次，即为技术创新层次、市场创新层次以及技术成果向市场实现转化的层次。企业家创新属于熊彼特意义上的创新，通过"一揽子要素"的优化配置实现"干中学"。在技术创新层次，企业家创新与一般人力资本所拥有的狭义技术创新有所不同。企业家才能的发挥在于其能够驾驭技术创新而又高于技术创新。在市场创新层次，企业家能够洞察市场需求，研判市场风向，实现顺市场导向的创新。而如何实现将实验室技术成果进一步转化为生产的产品和市场所需要的商品，则更有赖于企业家才能的发挥。

因此，企业家创新的过程可以看作为产品以及商品从最初的研发、生产以及后续投入商业应用实现流转这三个阶段。在第一阶段，企业家权衡研发的沉没成本和市场风险，选择符合本地要素禀赋特征的新技术，同时通过战略联盟、合作研发等方式整合完善研发产业链，指导专业技术人员进行顺市场需求导向的研发创新；在第二阶段，企业家进一步评估生产的要素租金优势与营销过程中的渠道成本，指导管理人员和营销人员做进一步的市场细分和目标定位，以供应链整合、生产环节衔接等方式实现商务流程再造，即产品的流转创新；在第三阶段，企业家根据产品销售状况与客户投票等反馈方式进一步修正产品的技术参数，实现产品过渡到商品的"惊险一跳"，并由此实现多层次的应用创新。

由此可见，企业家创新并非简单的技术创新，而应视作为"一揽子要素"的配置重组创新。在中国经济转型与开放过程中，企业家创新对于地区经济发展发挥着不容忽视的关键作用。然而，对于企业家才能或企业家创新的测度却一直是理论界研究的一大难点。原因在于，单纯以创新产出来衡量企业家才能并不能有效地反映企业家的要素配置创新能力，因此对企业家创新的测度往往采用间接测度的形式，以其对于区域经济发展的贡献程度来衡量。由于本书的研究着重分析国内省际层面的企业家才能，故本书主要采用的测度方式是区分企业的所有制类型，并采用企业家丰度（万人拥有的某所有制类型企业数量）来衡量企业家才能。根据国家工商总局统计数据显示，截至2014年年底，我国实有各类市场主体6932.22万户，企业1819.28万户，比上年增长19.08%，注册资金123.57万亿元，增长27.55%，其中私营企业1546.37万户，增长23.33%，注册资金59.21万亿元，增长50.6%，个体工商户4984.06万户，增长20.57%。各类市场主体量值齐增，其中私营企业和个体工商户成为我国市场主体增长的主要推动力量。考虑到我国中小企业市场占比99%以上，企业家创新的程度更高，因此，在本书中笔者以民营企业家（私营企业家）为主要研究对象，表4-1、表4-2、表4-3分别是根据国家统计局公布的各年度统计年鉴计算测度的中国各地区民营（私营）企业家丰度值。

表4-1　　　　1999—2011年中国东部地区民营企业家丰度值

省（市、区）	1999年	2001年	2003年	2005年	2007年	2009年	2011年
北京	0.78	0.84	1.17	0.98	1.20	1.34	0.52
天津	2.38	2.39	2.35	1.69	1.88	3.06	1.48
河北	0.56	0.66	0.80	0.69	0.87	1.16	1.01
辽宁	0.55	0.62	0.95	1.21	2.18	3.51	2.55
上海	2.23	2.49	3.04	3.08	3.34	4.49	1.65
江苏	1.64	1.90	2.41	2.37	3.32	5.27	3.47
浙江	2.13	3.21	4.49	4.95	6.60	8.10	4.12
福建	0.47	0.68	1.27	1.34	1.87	2.54	1.85
山东	0.76	0.87	1.24	1.55	2.28	3.12	2.31
广东	0.89	1.14	1.48	1.32	1.73	2.29	1.39
海南	0.08	0.15	0.22	0.15	0.12	0.11	0.05

表4-2   1999—2011年中国中部地区民营企业家丰度值

省（市、区）	1999 年	2001 年	2003 年	2005 年	2007 年	2009 年	2011 年
山西	0.44	0.46	0.65	0.35	0.44	0.45	0.49
吉林	0.28	0.36	0.41	0.38	0.72	1.26	0.97
黑龙江	0.21	0.27	0.37	0.26	0.35	0.58	0.39
安徽	0.34	0.38	0.47	0.45	0.80	1.55	1.32
江西	0.17	0.27	0.41	0.48	0.74	0.94	0.74
河南	0.68	0.67	0.67	0.53	0.80	1.20	1.17
湖北	0.53	0.55	0.70	0.53	0.79	1.38	0.90
湖南	0.32	0.39	0.60	0.69	0.99	1.41	1.25

表4-3   1999—2011年中国西部地区民营企业家丰度值

省（市、区）	1999 年	2001 年	2003 年	2005 年	2007 年	2009 年	2011 年
内蒙古	0.15	0.26	0.40	0.41	0.65	0.89	0.74
广西	0.17	0.22	0.28	0.27	0.44	0.66	0.57
重庆	0.28	0.38	0.48	0.56	0.84	1.67	1.07
四川	0.26	0.33	0.46	0.47	0.70	0.95	0.88
贵州	0.15	0.19	0.26	0.23	0.26	0.34	0.33
云南	0.15	0.15	0.21	0.21	0.28	0.41	0.28
西藏	0.41	0.55	0.44	0.04	0.05	0.08	0.03
陕西	0.20	0.24	0.30	0.19	0.27	0.44	0.31
甘肃	0.41	0.92	0.82	0.22	0.26	0.29	0.16
青海	0.15	0.18	0.34	0.23	0.29	0.29	0.19
宁夏	0.26	0.33	0.41	0.59	0.75	0.96	0.71
新疆	0.15	0.20	0.27	0.17	0.27	0.39	0.29

注：表中数据为笔者根据各年度《中国统计年鉴》整理计算所得。

上述数据显示，近十年来，中国民营企业数量在2010年前呈现较大幅度的增长，而在2010年后出现一定程度的下降。中国民营企业的梯度分布较为明显，主要表现为东部地区民营企业家资源较中西部地区而言更为丰裕。原因在于，一方面，我国东部地区本身自然资源禀赋的不足可能会产生某种"倒逼机制"，促使民营企业家实现创业；另一方面，改革开放以来东部地区的市场化程度较高，这为民营企业家的创新创业提供了发展成长的市场环境。在较长的时期内，长三角、珠三角等地的民营企业相比国有企业在数量上占比更高，在创新上更具活力，成为推动区域经济发展的重要力量。

　　然而，尽管改革开放以来中国保持较高的经济增长，这期间民营企业发挥着较为关键的作用，而近几年来可以看到一个较为突出的现象是，中国民营企业的数量呈现逐渐下滑的趋势，这与近年来我国经济增速总体下滑有一定的关系。2014 年我国 GDP 增速下滑到 7.4%，2015 年 GDP 增速为 6.9%，是改革开放 25 年来的最低水平，而中国的人均收入达到 7000 美元，这表明我国经济已经进入中等收入阶段。从生产函数的角度来分析，$Y = AK^\beta L^{1-\beta}$，经济活动总量 Y 由劳动力总量 L、资本总量 K 和效率水平 A（TFP）三个基本因素决定，增长取决于劳动力、资本总量和全要素生产率 TFP 的提高。其中，A 又被称为索洛余值或全要素生产率。由于改革开放前期往往采用劳动、资本投入激励等需求端改革的方式促进经济增长，近些年来这种刺激政策的弊端逐渐显现，经济呈现效率缺乏和经济结构扭曲等问题，中国经济面临落入"中等收入陷阱"。针对上述凸显的矛盾和挑战，中央政府将这一现象集中概括为"三期叠加"的"新常态"特征，即经济增长换挡期、经济结构调整阵痛期和前期刺激政策消化期。因此，要纠正这些经济扭曲，实现资源的优化配置和经济效率的提升，关键是摆脱以往依托要素驱动、投资驱动的传统经济增长模式，逐步转型为"效率驱动"和"创新驱动"，实现全要素生产率的增长和技术进步，提高资源配置的效率，即着重强调释放微观主体活力的"供给侧结构性改革"。改革的关键是寻求"效率驱动"和"创新驱动"的原动力，而这样的原动力显然需要依靠人力资本红利。库兹涅茨和舒尔茨认为，现代经济增长的动力来源于"科学技术的广泛应用"以及"人力资本、劳动者知识和技能的提升"。人力资本的回报具有边际报酬递增的特点，与物质资本投资回报边际报酬递减的情况不同，因此人力资本带来技术进步和效率提高，是现代经济增长的主要驱动力量。由此，企业家资源作为市场经济的创新主体，是推动中国经济转型和技术进步的中坚力量。

第二节　包含企业家才能的"内生增长模型"分析框架

　　企业家才能区别于一般专业技术人员所拥有的能力，企业家才能是异质性人力资本要素，属于高级生产要素。对于发展中国家而言，如何寻求人力资本要素的积累或者是更高级人力资本要素的积累则关系着技术进步的实现，产业结构的转型升级与经济增长率的提升。正如熊彼特所言，企业家才能和技术进步其实并非经济发展的两个不同影响因素。在现实中，"企业家才能和技术进步是一回事，前者是后者的助推器"（Schumpter，1942）。而这里所谓的"技术进步"实际上则是指"内生技术进步"（Endogenous Technological Progress）。"内生技术进步"概念与"外生技术进步"（Exogenous Technological Profress）相对。索洛（Solow，1957）将技术进步作为经济增长的引擎。而由于其将技术进步作为经济增长核算中的外生变量，因此索洛意义上的技术进步又被称为"外生技术进步"。而实际上，经济增长的持续实现还必须实现要素报酬递增。将人力资本要素作为增长引擎的新增长理论（Arrow，1962；Lucas，1988；Romer，1986，1990；Aghion & Howitt，1992）强调人力资本的溢出作用可能产生要素报酬的递增，此外创新的竞争性和排他性特征以及研发的激励效应等作用推动"内生技术进步"的实现。

　　可见，企业家创新作为高级人力资本要素，其与内生技术进步具有共生耦合的逻辑联系，具体体现在以下三个方面。首先，企业家"干中学"效应的发挥以及企业家人力资本的外溢作用可推动"内生技术进步"的实现。其一，根据 Lucas（1988，1993）内生增长理论中对于人力资本的概括可以发现，企业家作为特殊的人力资本，通过企业家"干中学"效应的发挥，构成内生技术进步的动力源机制。由于企业家创新主要体现为要素优化配置的创新，因此企业家"干中学"又被称为"要素配置中学"，其对于内生技术进步的影响作用要高于一般人力资本的"干中学"。其二，根据 Stiglitz（1969）和 Acemoglu 和 Zilibotti（1999），人力资本的"干中学"效应往往受到特定要素投入的制约，即可具体表述为"局部干中学"效应（Localized Learning – by – Doing）。"局部干中学"效应强调人力资本对于"适宜技术"（Appropriate Technology）的选择。企业家通过选择符合本地技术结构、要素投入结构和禀赋结构特征的适宜技术，同时注重引进技术设备中的资本内嵌型技术的运用（Delong & Summers，1991），能够较好促进内生技术进步的实现。其三，根据 Basu 和 Weil（1998）、Benhabib 和 Spiegel（1994），人力资本的"干中学"和技术扩散的共同作用可促进内生技术进步。因此企业家"干中学"效应的发挥和地区间的技术扩散作用可促进本土创新的持续实现，并进一步体现为内生技术进步和内生比较优势的增进。

其次，根据 A. Young（1928）、杨小凯和博兰（1991），人力资本"干中学"效应会推动社会分工的进一步深化，从而进一步加速知识积累与生产率内生增长的动力，从而推动"内生技术进步"的实现与动态比较优势的增进。因此，人力资本"干中学"所推动的分工深化是内生技术进步与动态比较优势实现的深层次动因。"而人与人之间由于分工演进而产生的生产率差距显然比之前生产物品所产生的生产率的天性差异要重要得多。"[1] 可见，企业家"干中学"是推动内生技术进步与动态比较优势增进的重要动力源因素。而随着进一步的分工演化与内生技术进步，原有的分工拓展到更为广阔的领域，市场规模得到进一步扩大，原有的国内贸易逐渐发展成为国际贸易，比较优势实现内生和动态的增进。[2]

---

[1] 杨小凯、黄有光著：《专业化与经济组织——一种新兴古典微观经济学框架》，张玉纲译，经济科学出版社 1999 年版，第 6 页。

[2] 这部分内容的详细阐述将在本书的第六章展开。

内生增长理论将人力资本及其发挥的"干中学"效应视为经济增长的引擎，但并未将具有异质性特征的企业家人力资本包括在内。笔者根据 Nicola Gennaioli、Rafael La Porta、Florencio Lopez – de – Silanes、Andrei Shelfer（2013），Barro and Sala – i – Martin（1995），陈昱、刘醒民（2008），采用一般均衡分析框架构建一个包含企业家人力资本的新的内生增长模型。基于分散经济的建模方法，首先将一国的生产资料分为消费品和资本品，将技术进步作为经济长期增长的引擎。由于技术进步是由"资本深化"引起的，因此资本深化又可以表示为资本品种类的增加。同时在资本积累要素的基础上进一步引入人力资本要素，并将企业家才能 E 与一般专业技术人员所拥有的人力资本 H 相区分，从而构建生产单一最终消费品的生产函数为：

$$Y_t = AH_t^{\alpha_1} E_t^{\alpha_1} K_t^{1-\alpha_1-\alpha_2} \tag{4.1}$$

其中，Y 表示总产出，A 表示外生技术进步，H 表示一般专业技术人员所拥有的人力资本，E 表示企业家才能，K 表示中间产品，由各种资本品构成，表示资本的积累主要通过资本品种类的增加来实现。在某一时刻，资本品总和为：

$$K = \left\{ \int_0^N x(j)^{1-\alpha_1-\alpha_2} dj \right\}^{\frac{1}{1-\alpha_1-\alpha_2}} \tag{4.2}$$

其中，$x(j)$ 为单位资本品。资本品种类数量为 N 种，其主要来源可分为本国的固定资本投资和外商直接投资两种。假设国内资本品种类为 n，国外资本品种类为 n^*。则：

$$N = n + n^* \tag{4.3}$$

依据式(4.1)的生产函数，以下分别从生产者均衡和消费者均衡两方面来考察。

1. 生产者均衡

资本品的提供者可以获取租赁资本的租金收益。可见，资本利用的最优条件是实现资本的边际成本等于边际收益。则租赁资本品 $x(j)$ 的租金收益等于最终产品中资本品的边际生产率：

$$m(j) = \frac{\partial Y(j)}{\partial x(j)} = (1-\alpha_1-\alpha_2) AH^{\alpha_1} E^{\alpha_2} x(j)^{-(\alpha_1+\alpha_2)} \tag{4.4}$$

$$y(j) = AH^{\alpha_1}E^{\alpha_2}x(j)^{1-(\alpha_1+\alpha_2)} \tag{4.5}$$

对于后发国家来说，技术扩散往往通过先发国家传递到后发国家，其技术传导的方式可以为国际贸易或外商直接投资两种形式。资本品的扩散存在消化、吸收和在此技术上的利用和改进。而先进技术在后发国家实现消化吸收的大小取决于后发国家自身的技术水平与基础设施提供等，即技术扩散依赖于固定的技术吸收成本或模仿成本，笔者以 F 来表示。

这里假定技术扩散主要通过 FDI 的方式进行传导（暂不考虑通过国际贸易的传导方式），则固定成本 F 可以视为国内拥有的外资比例与技术差距（technology gap）的函数，且 F 与当前国内外资比例 $\left(\dfrac{n^*}{N}\right)$ 呈负相关，即假设外资技术水平普遍高于国内其他所有制企业，外资经济对国有经济存在明显的"示范效应"与"溢出效应"。随着外资比例的提高，内资企业吸收外溢技术的成本就降低。然而除了技术溢出外，后发国家在经济增长的过程中仍然存在"技术追赶（catch-up）效应"，即假定后发国家对先进技术的模仿成本低于自主创新成本。为了体现技术进步的"追赶效应"，假设固定成本与后发国家的资本品生产企业的数量 $\left(\dfrac{N}{N^*}\right)$ 呈正相关，其中，N^* 是其他国家的资本品生产企业的数量，后发国家与先发国家的技术差距越大，则模仿的可能性更大，而采用自主创新的相对成本越小。

$$F = F\left(\frac{n^*}{N},\ \frac{N}{N^*}\right) \tag{4.6}$$

其中，

$$\frac{\partial F}{\partial(n^*/N)} < 0,\ \frac{\partial F}{\partial(N/N^*)} > 0 \tag{4.7}$$

除固定的技术吸收成本之外，资本品使用也存在一定的折旧成本。假设生产 $x(j)$ 的边际成本恒等于 1，资本品完全折旧。则在利率稳定不变的情况下，生产新资本 j 的利润函数为：

$$\pi(j)_t = \int_t^\infty \left[(m(j)-1)x(j)\right]e^{-r(s-t)}ds - F\left(\frac{n^*}{N},\frac{N}{N^*}\right) \tag{4.8}$$

在式（4.4）的条件下最大化利润，则单位资本品的均衡生产水平为：

$$x(j) = H^{\frac{\alpha_1}{\alpha_1+\alpha_2}} E^{\frac{\alpha_2}{\alpha_1+\alpha_2}} A^{\frac{1}{\alpha_1+\alpha_2}} (1-\alpha_1-\alpha_2)^{\frac{2}{\alpha_1+\alpha_2}} \tag{4.9}$$

这里，假设 $x(j)$ 为不变量，即每一时刻生产新产品的水平是相同的。由于生产者最终会实现均衡，则不同种类的资本品生产水平最终也是相同的。由式（4.9）和式（4.4）可以得到资本租赁的利率表达式：

$$m(j) = (1-\alpha_1-\alpha_2)^{-1} \tag{4.10}$$

将式（4.10）代入式（4.8），可以得到利润最大化的函数表达式。假定资本市场是自由进出的，即不存在任何进入壁垒。那么从长期来看，利润 $\pi(j)_t$ 趋近于 0，则由此可以得到利率 r 的值为：$r = \varphi A^{\frac{1}{\alpha_1+\alpha_2}}$ $H^{\frac{\alpha_1}{\alpha_1+\alpha_2}} E^{\frac{\alpha_2}{\alpha_1+\alpha_2}} F(\cdot)^{-1}$，其中 $\varphi = (\alpha_1+\alpha_2)(1-\alpha_1-\alpha_2)^{\frac{2-(\alpha_1+\alpha_2)}{\alpha_1+\alpha_2}}$。

2. 消费者均衡

由于封闭经济达到均衡状态时，资本积累与储蓄实现平衡。而虽然这里引入了外资，但由于假设其随时间基本不变，则经济的整个均衡条件类似于封闭条件下的水平。假定个人最大化其跨期效用函数，则在消费者均衡的情况下消费者的效用实现最大化。采用 Ramsey 模型的效用函数：$U_t = \int_t^\infty \frac{c_t^{1-\sigma}}{1-\sigma} e^{-\rho(s-t)} ds$。

其中，c_t 为消费者在 t 时刻的消费水平，ρ 为贴现率，表示消费者对于延迟消费（或未来消费）的耐心，ρ 越大，与现期消费相比，消费者对于未来消费的耐心越低，则消费者更倾向于选择现期消费。σ 为消费的边际效用弹性的负值，又称为相对风险回避系数。则整个经济的最优平衡增长路径为：

$$g = \frac{\partial c(t)/\partial t}{c(t)} = \frac{r-\rho}{\sigma} = \frac{\varphi A^{\frac{1}{\alpha_1+\alpha_2}} H^{\frac{\alpha_1}{\alpha_1+\alpha_2}} E^{\frac{\alpha_2}{\alpha_1+\alpha_2}} F(\cdot)^{-1} - \rho}{\sigma} \tag{4.11}$$

式（4.11）的最优路径表明：经济的均衡增长率主要依赖于以下变量水平：①外生技术进步 A；②一般专业技术人员所拥有的人力资本 H；③企业家才能 E；④引进与消化、吸收、利用和模仿先进技术的效率 F；⑤时间贴现率 ρ。其中，最优经济增长率 g 与一般人力资

本 H、企业家人力资本 E 呈正向变化，与技术吸收及模仿成本 F 及时间贴现率 ρ 呈反向变化。

上述结论可以概括为以下三点：其一，企业家才能应区分于一般专业技术人员所拥有的人力资本要素。而一般专业技术人员所拥有的人力资本和企业家才能的提高，有利于经济均衡增长率的提高，两者对于实际经济增长率的贡献取决于 α_1 和 α_2 大小的比较。其二，现时储蓄率越高，则消费者更愿意倾向于选择未来消费，则潜在经济增长率也越高。这就意味着，人力资本要素方面的投资和现期消费存在着此消彼长的替代关系。事实上，杨小凯（1999）、A. Young（1928）对于内生增长理论的进一步研究表明，人力资本"干中学"效应的存在可能会突破人力资本投资本身与现期消费两者之间难以选择的"两难冲突"，并促进专业化分工的进一步实现与潜在生产率的增长。其三，外商直接投资通过"技术外溢"和"示范效应"，使后发地区与先发地区的技术差距进一步缩小，意味着随着时间推进，后发地区吸收新技术的成本变得越来越小，潜在的经济增长率得到提高。

第三节　企业家才能配置、全要素生产率提升与动态比较优势增进

一　企业家才能配置、全要素生产率提升与动态比较优势增进的内在机理

当代国际新型分工主要是以进出口诸方在产品生产的多个环节上混合使用多种要素从而组成全球价值链为特征的，不同的国家和企业只从事特定阶段的生产，从而在不同的生产（经营）环节上形成特定的分工。这种基于"环"和"链"等层次上诸要素整合后的国际新型分工往往是发达国家的跨国公司处于主导地位，即拥有某种市场势力，而我国企业通常处于分工从属地位。参与这些"环节"组合要素的国际分工合作诸方利益分配的多寡，取决于各方参与分工要素的相

对稀缺程度（张幼文，2005）。如波特所言，企业要获得高层次竞争优势，必须凭借高级生产要素（波特，2002）。而我国参与国际分工的主要是简单劳动等初级要素，可能导致"低端锁定效应"和引进技术的"依赖效应"，使我国企业无法将符合要素禀赋发展战略的比较优势转化成比较利益，从而制约了我国企业自主创新及国际竞争力的提升。事实上，国内诸多理论往往偏重对"显性"生产要素的研究，而忽视了在中国开放经济与体制转型中存在企业家才能这一"隐性"要素。而企业家才能正是中国在参与国际分工中亟待激活与拓展的高级要素，是具有异质性特征的人力资本。对企业家才能研究的忽略会导致相关理论难以较好地解释经济增长、产业结构升级及比较优势增进的动力源。

奥地利学派认为，企业家才是社会经济过程的主角。该学派代表人物从信息和创新等角度对企业家理论做出了重要贡献。米塞斯从信息角度解释企业家才能，认为"普通的工商学院只训练例行工作的低级人员，绝对训练不出企业家。一个企业家不是训练出来的。一个人之所以成为企业家，在于把握时机、填补空隙"。（米塞斯，1991）一旦企业家认识到机会并利用机会，那么机会将消失，并触发自发的协调过程，导致经济走向自发的动态均衡。熊彼特从创新角度解释企业家才能，认为企业家创新不是狭义概念上的"技术创新"，而是"建立一种新的生产函数"，"实行对生产要素的重新组合"，实现"创造性的破坏"（creative destruction）。（熊彼特，2000）德索托认为，"市场的不完善并不会产生新古典意义上的低效，因为不完善会产生潜在的企业家利润机会，企业家在协调过程中发现和抓住这些机会，从而不断驱动市场的运行"。（德索托，2010）奥地利学派的企业家理论发展于19世纪末20世纪初，其强调企业家才能对市场秩序产生自发调整机制的理论具有一定的影响力，但其逻辑推理却一直缺乏根本的经验标准。事实上，对当前中国而言，由于正处于经济开放及体制转型过程中，市场化进程的加快使企业家尤其是民营企业家资源得到显现，这为奥地利学派的企业家理论研究与应用提供了现实领域。

　　中国作为开放经济下的转型大国，地区经济发展极不平衡，东中西部经济发展及市场化进程差距明显，其民营企业家资源的分布也出现了一定程度的不平衡性。[①] 东部沿海省份的市场化进程较快，企业家资源丰富，这为企业家才能的发挥及地区经济发展提供了有利的制度支持，也为中西部地区进一步发展提供了有意义的借鉴。"企业家才能的发挥很大程度上取决于企业家创新的能力。企业家创新属于突破式创新（entrepreneurial breakthrough），有别于大企业实验室完成的封闭式创新或边际上渐进式的创新（corporate incremental improvements）。"（W. Baumol，1990）在这些东部沿海地区，不少企业家能够实行以市场为导向的创新。企业家洞察市场需求，把握技术水平和研发投入之间的平衡，并能及时按照用户反馈意见改进设计、工艺和服务，从而提高技术成果的转化率。企业家正是在对本地市场资源和创新信息发现与利用的过程中，实现了规避市场风险和追逐商业利润的统一，在市场偏离均衡水平时寻找并把握商机，并对各类生产信息实行创造性重组，在把握市场信息、引进先进技术并积极参与国际分工的同时，提升经济增长的效率。

　　由于一国从事某一行业的专业化分工，即使当前并不具备比较优势，但只要其具备一定的潜在增长率水平，则在未来依然可以获得"后天的"比较优势，即存在内生比较优势（Redding，1999）。这就意味着潜在生产率的增长可作为内生比较优势的一种可行的测度。[②] 可见，专业化分工的深化与比较优势的动态增进一定程度上可以以全要素生产率的提升为表征。因此，研究企业家才能的异质性特征，揭示其对全要素生产率提升的作用，对于进一步在全球价值链中强化我国企业的"环节"经营控制权，实现要素整合主体重构及动态比较利

[①] 一般而言，民营企业包含三个层次：一是广义层次，指除国有和国有控股企业以外的多种所有制企业的通称；二是内资层次，指广义民营企业减去港澳台和外商投资企业后的集体和个体私营及其他混合所有制企业；三是狭义民营层次，指个体私营企业。本书所指的民营企业家是指狭义层次。

[②] 杨格认为，专业化分工可以分为三个方面，一是专业化水平，二是产品种类数，三是生产迂回度。而迂回的生产经济效果意味着，迂回的生产链条的加长会使全要素生产率上升。（杨小凯，1999）

益增进具有重要的理论价值和现实意义。笔者采用实证分析的研究方法，基于我国省际层面考察企业家才能对全要素生产率的影响程度。具体研究方法是采用回归分析两步法：第一步估计并分解生产率，第二步考察企业家才能与区域创新程度、开放度的交互作用对生产率及其分解项的影响程度。

二　企业家才能配置与全要素生产率提升的实证分析

（一）全要素生产率的测算——数据包络分析（DEA）方法介绍

对于全要素生产率的测算，比较常见的方法是采用"索洛余值"进行估计，即先建立 C—D 生产函数，然后采用拟合回归的方式估计待定系数，进而估算出全要素生产率。然而，这种方法假定资本和劳动的产出弹性是恒定不变的，且要素的规模报酬不变，这与现实情况是不符的。事实上，国内资本要素的产出弹性出现逐年递减的趋势，且要素弹性出现明显的区域结构差别，东部地区的资本弹性要高于中西部地区，因此，采用固定的生产函数来估算全要素生产率会出现较大误差。故而本章考虑采用非参数方法，即基于 DEA 的 Malmquist 生产率指数对 TFP 进行测度和分解。

这种方法的基本思路是根据各观测单元的数据，利用线性规划技术将有效单位线性组合，构造出一个前沿生产面。在给定投入下，各单元的实际产出与该前沿生产面之间的距离就是生产效率。本章将每个省（区、市）作为一个决策单元，将所有省（区、市）构造出一个前沿生产面，并将每个省（区、市）的实际生产前沿面与之比较，从而测度技术效率变动和技术进步。为了定义 Malmquist 生产率指数，需要定义两个时期的距离函数 $D_i^t(x^{t+1}, y^{t+1}) = \inf\{\theta: (x^{t+1}, y^{t+1}/\theta) \in S^t\}$。该距离函数测度了在时期 t 使 (x^{t+1}, y^{t+1}) 技术可行时产出发生的最大比例的变化。本章定义基于产出的 Malmquist 生产率指数可表示为：

$$M_i^t = D_i^t(x^{t+1}, y^{t+1})/D_i^t(x^t, y^t) \qquad (4.12)$$

这个指数测度了在时期 t 的技术条件下，从时期 t 到 $t+1$ 的技术效率的变化。同样，可以定义在时期 $t+1$ 的技术条件下，测度从时期 t 到 $t+1$ 的技术效率的变化的 Malmquist 生产率指数：

$$M_i^{t+1} = D_i^{t+1}(x^{t+1}, y^{t+1}) / D_i^{t+1}(x^t, y^t) \tag{4.13}$$

可用式（4.1）和式（4.2）两个 Malmquist 生产率指数的几何平均值来衡量从时期 t 到 $t+1$ 全要素生产率变化的 Malmquist 指数：

$$M_i = D_i^t(x^{t+1}, y^{t+1}; x^t, y^t) = \left\{ \left[\frac{D_i^t(x^{t+1}, y^{t+1})}{D_i^t(x^t, y^t)} \right] \left[\frac{D_i^{t+1}(x^{t+1}, y^{t+1})}{D_i^{t+1}(x^t, y^t)} \right] \right\}^{1/2}$$

$$= \frac{D_i^{t+1}(x^{t+1}, y^{t+1})}{D_i^t(x^t, y^t)} \left[\frac{D_i^t(x^{t+1}, y^{t+1})}{D_i^{t+1}(x^{t+1}, y^{t+1})} \times \frac{D_i^t(x^t, y^t)}{D_i^{t+1}(x^t, y^t)} \right]^{1/2}$$

$$= EC(x^{t+1}, y^{t+1}; x^t, y^t) \times TC(x^{t+1}, y^{t+1}; x^t, y^t) \tag{4.14}$$

其中，技术效率 $EC = \dfrac{D_i^{t+1}(x^{t+1}, y^{t+1})}{D_i^t(x^t, y^t)}$，

技术进步 $TC = \left[\dfrac{D_i^t(x^{t+1}, y^{t+1})}{D_i^{t+1}(x^{t+1}, y^{t+1})} \times \dfrac{D_i^t(x^t, y^t)}{D_i^{t+1}(x^t, y^t)} \right]^{1/2}$。

当 $M_i(x^{t+1}, y^{t+1}; x^t, y^t)$ 大于 1 时，表明从时期 t 到 $t+1$ 全要素生产率是增长的。EC 和 TC 大于、等于、小于 1，分别表示技术效率和技术进步改善、没有变化和退步。

具体来说，Fare（1994）提出对于第 i 个决策单位而言，为了测算 TFP 变化必须计算两个时期的四个距离函数，即需要求解四个线性规划问题。假设有 K 种要素投入，M 种产出，第 i 个决策单位在第 t 时期的投入产出向量分别为 x_i^t 和 y_i^t，设 λ 为常数列向量，ϕ 为标量，表示第 i 个决策单位的技术效率。则基于产出的四个线性规划分别为：

$$\left[D_0^t(x^t, y^t) \right]^{-1} = \max_{\phi, \lambda} \phi,$$

$$s.t. \ -\phi y_{i,t} + Y_t \lambda \geq 0,$$

$$x_{i,t} - X_t \lambda \geq 0,$$

$$\lambda \geq 0,$$

$$\left[D_0^{t+1}(x^{t+1}, y^{t+1}) \right]^{-1} = \max_{\phi, \lambda} \phi,$$

$$s.t. \ -\phi y_{i,t+1} + Y_{t+1} \lambda \geq 0,$$

$$x_{i,t+1} - X_{t+1} \lambda \geq 0,$$

$$\lambda \geq 0,$$

$$\left[D_0^t(x^{t+1}, y^{t+1}) \right]^{-1} = \max_{\phi, \lambda} \phi,$$

$$s.\,t.\ -\phi y_{i,t+1} + Y_t\lambda \geqslant 0,$$

$$x_{i,t+1} - X_t\lambda \geqslant 0,$$

$$\lambda \geqslant 0,$$

$$[D_0^{t+1}(x^t,\ y^t)]^{-1} = \max_{\phi,\lambda}\phi,$$

$$s.\,t.\ -\phi y_{i,t} + Y_{t+1}\lambda \geqslant 0,$$

$$x_{i,t} - X_{t+1}\lambda \geqslant 0,$$

$$\lambda \geqslant 0 \tag{4.15}$$

郑京海、胡鞍钢（2005）采用图例形式刻画了基于产出的 Malmquist 生产率指数及其分解。在图 4-1 中，一种投入对应一种产出，从原点出发的射线代表 t 和 $t+1$ 时期规模报酬不变的生产前沿，可以用生产可能性集合 S^t 和 S^{t+1} 来表示。那么在 t 时期观测到的投入产出点为 $(x^t,\ y^t)$，则以 t 时期的技术表示的距离函数为 $D^t(x^t,\ y^t) = 0a/0b$，即为给定投入情况下实际产出与生产前沿面的产出之比。同理，在 $t+1$ 时期观测到的投入产出点为 $(x^{t+1},\ y^{t+1})$，以 t 时期的技术表示的 $t+1$ 时期的距离函数为 $D^t(x^{t+1},\ y^{t+1}) = 0d/0c$，那么 t 时期技术条件下的 Malmquist 生产率指数可表示为：

$$M_0^t = D_o^t(x^{t+1},\ y^{t+1})/D_o^t(x^t,\ y^t) = (0d/0c)/(0a/0b) \tag{4.16}$$

以 $t+1$ 时期的生产前沿为参考时，$(x^t,\ y^t)$ 和 $(x^{t+1},\ y^{t+1})$ 两个观测点对应的 Malmquist 生产率指数可表示为：

$$M_0^{t+1} = D_o^{t+1}(x^{t+1},\ y^{t+1})/D_o^{t+1}(x^t,\ y^t) = (0d/0f)/(0a/0e) \tag{4.17}$$

如前所述，基于产出的 Malmquist 生产率指数是取上述两个指数的几何平均值，且可以分解为效率变动和技术进步，因此：

$$M = (M_0^t \cdot M_0^{t+1})^{1/2} = [(0d/0c)/(0a/0b) \cdot (0d/0f)/(0a/0e)]^{1/2}$$

$$= [(0d/0f)/(0a/0b) \cdot (0f/0e)/(0c/0b)]^{1/2} \tag{4.18}$$

其中，$EFFCH = [(0d/0f)/(0a/0e)]$，$TECH = [(0f/0e)/(0c/0b)]^{1/2}$。图 4-1 是基于产出的 Malmquist 生产率指数及其分解图示。

（二）全要素生产率核算及变量选择

所选样本为 1995—2009 年东部九省市的面板数据，即分别为北京、天津、辽宁、上海、江苏、浙江、福建、山东和广东。该东部九

省市的市场化进程为全国前九名。① 而市场化进程较快的地区往往企
业家资源较为丰富。

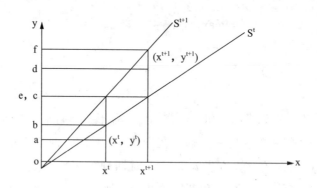

图 4 – 1　基于产出的 Malmquist 生产率指数及其分解

为测算 *TFP*，需要用到产出值、资本存量和劳动投入数据。其
中，产出数据采用各地区实际 GDP 值，以 1995 年为基年，采用各年
度 GDP 平减指数折算当年 GDP 值，得到各年的实际 GDP 值。关于劳
动投入，以各地区从业人员数来衡量。数据来源为国家统计局出版的
历年《中国统计年鉴》《新中国五十年统计资料汇编》及各省（区、
市）历年的统计年鉴。

关于资本投入，考虑采用固定资产存量值进行估计。有学者认
为，在估计全要素生产率时将技术进步与资本积累割裂开来会导致忽
视资本投入中本来就蕴含的技术进步——"体现型技术进步"（em-
bodied technical change）这一重要事实（赵志耘、吕冰洋、郭庆旺，
2007）。"体现型技术进步"又称为"物化型技术进步"。一般认为，
资本投入可细分为建筑资本投入和设备资本投入。建筑资本投入存在
较少的物化技术进步，而设备资本投入则存在较为明显的物化技术进
步。因此，处理方法为假设建筑资本投入不存在物化型技术进步，而

---

① 根据樊纲、王小鲁、朱恒鹏的《中国市场化指数——各地区市场化相对进程 2009
年报告》，2007 年中国市场化指数前九名的省（区、市）排序分别为上海、浙江、广东、
江苏、天津、北京、福建、山东和辽宁。

设备资本投入存在物化型技术进步。这样的资本细分方法考虑了资本品的异质性（heterogeneity），因此，在后续引入生产率的估计中能更为准确地估计技术进步，这样更加符合中国经济增长的事实。对于建筑资本存量和设备资本存量的估计分别采用永续盘存法，即：

$$K_t = (1 - \delta)K_{t-1} + I_t/P_t \tag{4.19}$$

其中，K_t 表示第 t 年年末实际建筑资本存量或设备资本存量，K_{t-1} 表示上一年年末实际建筑资本存量或设备资本存量，I_t 表示第 t 年的名义建筑资本投资或设备资本投资，P_t 表示建筑资本投资价格指数或设备资本投资价格指数，δ 表示建筑资本和设备资本的折旧率。在计算中，将建筑资本的折旧率定为 5%，设备资本折旧率定为 10%。同样以 1995 年为基年。基年的资本存量的估算方法参考吕冰洋的研究，即认为历年设备资本占资本总和的比重基本保持不变，取历年平均值 27.7%。总体资本存量值参考张军、吴桂英、张吉鹏（2003）。在此基础上，分别采用永续盘存法核算历年的资本存量。建筑资本和设备资本的历年投资及价格指数数据来自历年《中国统计年鉴》。图 4-2 为东部九省（区、市）1995—2009 年设备资本存量的估计值。从图 4-2 中可以看出，各省市设备资本存量都有不同程度的增长，尤其在近几年增幅较大，说明各省市通过引入国外成熟的成套设备，加快了资本积累速度，提高了技术进步水平，促进了增长率的提升。

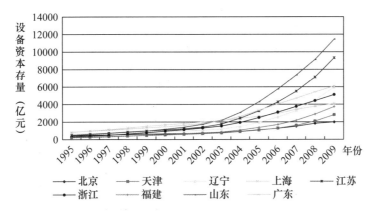

图 4-2　1995—2009 年我国东部九省（区、市）设备资本存量

根据前述的 Malmquist 指数法，以各地区实际 GDP、实际资本存量（包括建筑资本和设备资本存量）和从业人员数分别作为投入指标，利用 DEAP 2.1 软件计算 1995—2009 年的全要素生产率变动 Malmquist 指数及其相应的分解值效率变动和技术进步。表 4 – 4 和表 4 – 5 分别为分省（区、市）和分年的统计结果。

表 4 – 4　1996—2009 年东部九省（区、市）分省平均 Malmquist
指数、效率变动和技术进步的统计结果

地区	全要素生产率变动（TFP）	效率变动（EC）	技术进步（TC）
北京	0.945	1.000	0.945
天津	0.953	1.000	0.953
辽宁	0.956	1.003	0.953
上海	0.951	1.005	0.946
江苏	0.958	1.003	0.955
浙江	0.964	0.999	0.965
福建	1.043	0.997	1.046
山东	1.046	0.993	1.053
广东	1.053	0.989	1.064
均值	0.984	0.999	0.986

注：表中数据是各省（区、市）的算术平均数；TFP、EC、TC 是 Malmquist 生产率指数及其分解即效率变动和技术进步。

表 4 – 5　1996—2009 年东部九省（区、市）分年平均 Malmquist
指数、效率变动和技术进步的统计结果

年份	全要素生产率变动（TFP）	效率变动（EC）	技术进步（TC）
1996	1.073	0.988	1.086
1997	0.925	1.057	0.875
1998	1.123	0.985	1.141
1999	0.794	0.972	0.816
2000	1.658	1.024	1.619

续表

年份	全要素生产率变动（TFP）	效率变动（EC）	技术进步（TC）
2001	1.011	1.010	1.002
2002	0.599	1.010	0.594
2003	1.052	0.991	1.062
2004	0.736	0.984	0.748
2005	1.223	0.978	1.251
2006	0.995	0.978	1.018
2007	0.992	1.048	0.947
2008	1.051	0.963	1.091
2009	0.917	1.000	0.916
均值	0.984	0.999	0.986

注：表中数据是各省（区、市）的算术平均数；TFP、EC、TC 是 Malmquist 生产率指数及其分解即效率变动和技术进步。

表4-4分省（区、市）结果及表4-5分年结果均显示 TFP 的增长主要来源于技术进步的贡献，而效率变动值基本上在 1 左右，因而对 TFP 的影响程度不大。国内外研究也表明，国内各省（区、市）全要素生产率的增长大多归因于技术进步而不是效率变动（Delong & Summers，1991；Greewood，1997）。Fare（1994）等认为，技术进步推动生产函数前沿的扩张，而效率变动则体现为在技术不变情况下通过"干中学"来实现技术效率的提升。前者体现为对重大技术变革的采用或对先进技术设备的引进，而后者更多地体现为管理技术的改进或对先进技术消化吸收能力的增进。因而，从表4-4技术进步和效率变动的情况来看，东部九省（区、市）都比较注重对先进技术和设备的引进，而在消化吸收先进技术方面做得还不够。

一般的人力资本仅以受教育程度来衡量，主要指义务教育或学历教育。由于一般受教育程度在度量上存在困难，故采用平均受教育年限来核算。该测度方法只体现参与劳动者的平均熟练程度，并不包含劳动者在实践生产活动中的"干中学"效应。具体计算方法参照

Wang（2003）和陈钊（2004）等研究成果。本章将受教育水平简单分为小学 H_{1t}、初中 H_{2t}、高中（包括中专）H_{3t} 和大学（包括大专及研究生以上）H_{4t}，则第 t 年的人力资本存量 H_t 可表示为：

$$H_t = (6H_{1t} + 9H_{2t} + 12H_{3t} + 16H_{4t})/pop_t \tag{4.20}$$

其中，pop_t 表示年末总人口数，H_{it}/pop_t 表示该受教育程度的人口占总人口的比例。然后采用将各地区从业人员数乘以平均受教育年限的方法核算出当年从业人员的人力资本存量，文中用 HUM 来表示。数据来源为历年《中国统计年鉴》《新中国五十年统计资料汇编》及《中国人口统计年鉴》。

企业家才能有别于用平均受教育年限来衡量的一般人力资本。不少企业家受教育程度不高，但其经营创办企业则甚为成功，因此，仅仅用受教育程度难以衡量企业家才能。"企业家才能属于稀缺的特殊生产要素，企业家通过组织'增加要素投入量'和'提高单位投入量的产出率'两方面来促进区域创新及经济增长。企业家人力资本与一般人力资本具有如下本质差异：①前者是'一揽子要素'支配者，而后者主要运用单一要素参与经营实践；②前者主要从事熊彼特意义上要素整合的创新，具有洞察、捕捉、把握市场机遇的能力，而后者在商业精神与市场直觉方面有所不足；③前者在技术、管理等'一揽子要素'的优化重组中实现'干中学'，而后者仅仅在运用单一要素的实践中进行'干中学'；④前者所获取的知识以'诀窍'（know how）为主，后者的知识以'知是'（know what）为主；⑤前者在不确定条件下获取'剩余最大化'，而后者大多以为确定条件下获取报酬为主；⑥前者人力资本较难估计，通常需经市场检验后才被社会认可，而后者的人力资本较易通过学历、学位、职称等显性信号来估计，并被社会认可。"

至于区域层面的企业家才能的测度，本章采用各地区私营企业家丰度值来衡量企业家才能。具体核算时采用各地区每万人口中拥有的私营企业数量来表征企业家丰度，用 E 来表示。笔者将 2009 年东部九省（区、市）和全国 31 个省（区、市）的企业家丰度对东部地区经济发展的部分指标分别做斯皮尔曼等级相关系数检验（见表 4 -

3），发现所有指标都是高度显著的。其中，东部九省（区、市）企业家丰度与经济发展指标的各项相关系数均高于全国平均水平，说明企业家带动了东部地区的经济发展，实现了显著的"富民效应"。表4－6是全国29个省（区、市）1995—2010年主要年度私营企业家丰度值。表4－7是全国29个省（区、市）1999—2010年主要年度私营企业家比重创新指标采用各地区专利授权数来衡量。专利授权数作为创新产出指标，主要包括实用新型专利、外观设计专利和发明专利三种类别，因而可以较为全面地反映各地区的创新程度，本章分析中用PAT来表示。在回归分析中还考虑到各地区实际利用外商直接投资额，用FDI来表示。

表4－6　　　全国29个省（区、市）1995—2010年
主要年度私营企业家丰度值

地区	1995 年	1998 年	2001 年	2004 年	2007 年	2010 年
北京	7.99	6.42	89.66	150.47	206.17	253.07
天津	12.74	26.12	39.84	68.01	84.41	109.78
河北	5.75	10.81	11.05	15.83	27.13	36.94
山西	5.52	7.88	8.56	16.74	31.98	44.40
内蒙古	3.06	7.68	12.62	17.90	26.31	45.85
辽宁	9.78	14.67	20.03	32.46	49.24	70.34
吉林	6.17	9.46	11.89	18.77	28.19	46.40
黑龙江	4.05	8.75	11.02	15.15	25.77	40.86
上海	28.27	64.89	109.05	220.97	268.52	306.69
江苏	5.80	15.04	30.59	56.24	88.59	133.19
浙江	16.67	22.44	45.31	70.59	88.99	117.31
安徽	2.16	4.69	8.85	13.78	23.68	38.39
福建	8.03	10.61	15.99	31.38	45.31	72.22
江西	3.69	5.25	6.93	14.21	22.72	38.09
山东	5.97	11.09	16.04	30.08	39.65	55.32
河南	1.87	4.40	5.76	11.08	19.22	32.13
湖北	4.33	8.30	9.71	18.91	29.83	46.55

续表

地区	1995 年	1998 年	2001 年	2004 年	2007 年	2010 年
湖南	3.13	4.00	4.55	10.30	18.24	28.20
广东	12.96	19.74	27.11	46.94	65.90	90.82
广西	2.20	3.42	4.80	8.84	14.66	29.72
海南	19.34	22.58	26.38	30.95	55.61	91.58
四川	2.56	4.47	7.64	15.56	27.88	44.92
贵州	2.00	4.37	5.79	9.25	14.57	22.36
云南	1.25	3.38	6.76	11.78	18.77	33.80
陕西	3.13	9.45	19.13	23.38	28.16	50.20
甘肃	2.05	4.76	7.77	12.41	17.99	31.31
青海	2.08	7.95	13.38	18.35	20.29	26.42
宁夏	3.90	9.29	15.99	29.56	38.94	59.62
新疆	4.21	7.44	11.73	21.94	32.89	46.80

表 4 – 7　　　　全国 29 个省（区、市）1999—2010 年

主要年度私营企业家比重

地区	1999 年	2002 年	2004 年	2006 年	2008 年	2010 年
北京	0.79	0.56	0.81	0.58	0.89	1.05
天津	1.03	0.80	0.94	0.64	1.08	1.17
河北	1.64	1.66	2.20	2.57	3.87	4.82
山西	1.62	1.15	1.70	1.12	1.93	2.16
内蒙古	1.19	0.85	2.05	2.18	2.70	3.02
辽宁	1.14	1.04	1.68	2.04	3.21	4.22
吉林	1.15	0.74	1.13	1.84	3.61	4.62
黑龙江	1.22	0.85	1.25	1.26	2.55	2.90
上海	0.45	0.76	0.95	0.81	1.13	1.13
江苏	1.94	2.71	3.03	2.27	2.91	3.03
浙江	2.51	4.33	4.94	3.37	4.00	4.74
安徽	2.04	2.19	3.01	3.12	5.12	6.83
福建	0.18	0.72	1.04	0.94	1.31	1.60
江西	1.14	0.78	1.67	2.17	2.99	3.14

续表

地区	1999 年	2002 年	2004 年	2006 年	2008 年	2010 年
山东	1.74	2.01	2.81	2.77	3.63	4.28
河南	2.54	2.25	3.62	3.67	7.44	8.78
湖北	1.64	1.45	2.39	2.28	3.67	5.09
湖南	1.62	1.36	2.40	3.59	5.45	6.30
广东	0.23	0.83	0.98	0.78	1.00	1.14
广西	1.19	0.58	1.03	1.19	2.45	3.34
海南	0.76	0.34	0.47	0.33	0.53	0.50
四川	1.78	2.01	3.62	3.12	4.77	5.31
贵州	1.28	0.64	1.19	1.13	1.99	2.38
云南	1.27	0.54	0.99	1.35	2.26	2.59
陕西	1.28	0.67	0.87	0.86	1.51	1.85
甘肃	1.80	3.07	2.99	1.08	1.52	1.51
青海	1.12	0.61	0.80	0.80	0.92	1.08
宁夏	1.27	0.83	1.87	2.70	3.76	3.71
新疆	1.13	0.50	0.75	0.64	1.35	1.60

注：采用该地区私营企业数与其他所有制类型企业数（主要为国有企业和外资企业）的比值来表示。

表 4 – 8　　　　企业家丰度对东部地区经济发展指标的斯皮尔曼
等级相关系数（2009 年）

地区	市场化指数	人均GDP	城镇人均可支配收入	农村人均纯收入	人均消费品零售额	人均专利授权量
东部九省（区、市）	0.733 **	0.883 ***	0.867 ***	0.933 ***	0.817 ***	0.883 ***
全国 31 省（区、市）	0.700 ***	0.819 ***	0.633 ***	0.729 ***	0.784 ***	0.800 ***

注：*、**、*** 分别表示在 10%、5%、1% 的显著性水平上显著。

（三）回归方法与模型设定

影响区域全要素生产率的因素有人力资本、对外开放程度、技术创新等因素。已有研究在考虑人力资本对经济增长的影响作用时往往仅考虑了以受教育程度来衡量的人力资本，而忽视了企业家才能这一类异质性人力资本。因此，本章将企业家人力资本区别于用受教育水平衡量的一般人力资本，并将这两种不同的人力资本分别对全要素生产率做回归分析，并进行对比分析。

对于本章研究主体东部九省（区、市）而言，由于九省（区、市）地处沿海地区，分别为环渤海地区、长三角地区和珠三角地区，具有明显的外向型经济特征。① 本章考虑将 FDI 引入对全要素生产率影响因素的分析中。有学者在研究外商直接投资对区域经济增长的作用时采用人力资本与 FDI 的交互项来表示人力资本通过技术吸收来影响经济增长的作用途径（Lai，Peng & Bao，2006）。笔者沿用此法，将人力资本和 FDI 的交互作用纳入对全要素生产率的影响程度的分析中。在基于受教育水平的人力资本的回归方程中交互作用采用 HUM × FDI 的形式，而在基于企业家才能的人力资本的回归方程中采用 E × FDI 的形式。

此外，影响全要素生产率变动的因素还有区域创新程度。衡量区域创新程度的指标主要有研发支出、研发存量，地区专利发明申请数或授权数等。研发支出一般作为创新的投入指标，而专利发明申请数或授权数是作为创新的产出指标。笔者在选择影响全要素生产率的变量时认为，区域专利授权数能更好地反映区域创新绩效，因此将专利授权数（PAT）作为区域创新指标引入回归分析。Griffith 和 Stephen（2004）认为，人力资本积累的增强有利于技术吸收能力的提升，从而进一步促进生产率增长，即人力资本是技术进步和生产率增长的媒介。而事实上，人力资本的消化吸收能力是具有异质性特征的，即人力资本对技术的消化吸收起到一定的"门槛"效应。基于企业家才能的人力资本有别于用一般受教育程度来衡量的人力资本。在企业内部，一般工人、专业技术人员甚至一般管理人员所具备的人力资本都

---

① 2008 年东部九省（区、市）直接利用外资总额占全国总量的 73.16%，2009 年东部九省（区、市）进出口总额占全国总量的 89.49%。

依赖于受教育水平，其对知识的吸收方式为"知是"，而企业家所具备的是异质性人力资本，其对知识的吸收方式为"诀窍"。对于不少企业而言，很多发明专利是由企业自主完成的，这些专利是企业家根据市场需求导向而研发出来的，这些研究发明除了专业技术人员的实验室发明之外，还蕴含了企业家才能，主要表现为默会知识（tacit knowledge）或隐性知识（hidden knowledge），更多地体现为企业家对市场信息的敏锐把握。或从企业角度来看，专利的经济效果并不仅仅停留于展品与样品层次，而应是畅销商品层次。在这一过程中，企业家起着不可或缺的关键作用。因此，在回归分析时加入了人力资本和创新指标的交互项，在基于受教育水平的人力资本和基于企业家才能的人力资本两个模型中分别采用 HUM × PAT 的形式和 E × PAT 的形式。

这里以全要素生产率变动及其分解因素效率变动和技术进步分别作为因变量进行回归分析。由于篇幅所限，在此仅列出基于企业家才能的人力资本模型①，即为：

$$TFP_{it} = f_{it}(E_{it}, FDI_{it}, PAT_{it}, E_{it} \times FDI_{it}, E_{it} \times PAT_{it}) \quad (4.21)$$

$$EC_{it} = f_{it}(E_{it}, FDI_{it}, PAT_{it}, E_{it} \times FDI_{it}, E_{it} \times PAT_{it}) \quad (4.22)$$

$$TC_{it} = f_{it}(E_{it}, FDI_{it}, PAT_{it}, E_{it} \times FDI_{it}, E_{it} \times PAT_{it}) \quad (4.23)$$

对方程两边取对数②，得到最终理论模型为：

$$\ln TFP_{it} = \beta_1 \ln E_{it} + \beta_2 \ln FDI_{it} + \beta_3 \ln PAT_{it} + \beta_4 \ln E_{it} \times \ln FDI_{it} + \beta_5 \ln E_{it} \times \ln PAT_{it} + \alpha_i + \lambda_t + \xi_{it} \quad (4.24)$$

$$\ln EC_{it} = \beta_1 \ln E_{it} + \beta_2 \ln FDI_{it} + \beta_3 \ln PAT_{it} + \beta_4 \ln E_{it} \times \ln FDI_{it} + \beta_5 \ln E_{it} \times \ln PAT_{it} + \alpha_i + \lambda_t + \xi_{it} \quad (4.25)$$

$$\ln TC_{it} = \beta_1 \ln E_{it} + \beta_2 \ln FDI_{it} + \beta_3 \ln PAT_{it} + \beta_4 \ln E_{it} \times \ln FDI_{it} + \beta_5 \ln E_{it} \times$$

---

① 基于受教育水平的人力资本模型即将基于企业家才能的人力资本模型中的 E 用 HUM 取代，下文将两者结果列出比对。

② Wooldridge 认为，当数据并非多数为 0 时，使用 log (1 + y)，并将估计值作为对变量 log (y) 的解释，通常是可以接受的。因而，因变量 TFP 取对数采用 log (1 + TFP) 的形式，同理对 EC、TC 亦然，可参见 J. M. Wooldridge, *Introductory Econometrics: A Modern Approach*, Cincinnati: South - Western College Publishing, 2000。

$$\ln PAT_{it} + \alpha_i + \lambda_t + \xi_{it} \qquad (4.26)$$

其中，β_1—β_5 分别表示相应变量的 TFP 弹性、EC 弹性及 TC 弹性，α_i 和 λ_t 分别表示截面和时间效应，ξ_{it}—IID（0，Ω）是随机扰动项。以下展示全国 30 个省（区、市）的 TFP 及分解结果。其中表 4-9 是全国 30 个省（区、市）2000—2010 年主要年度全要素生产率指数（TFP）。表 4-10 是全国 30 个省（区、市）2000—2010 年主要年度效率变动指数（EC）。表 4-11 是全国 30 个省（区、市）2000—2010 年主要年度技术进步指数（TC）。表 4-12 是全国 30 个省（区、市）2000—2010 年分年效率变动、技术进步、纯技术效率变动、规模效率变动、全要素生产率指数的统计结果。表 4-13 是全国 30 个省（区、市）2000—2010 年分省（区、市）效率变动、技术进步、纯技术效率变动、规模效率变动、全要素生产率指数的统计结果。

（四）实证结果与分析

在进行实证分析前，考虑到采用非平稳变量进行回归分析会导致"伪回归"问题，因而先对面板数据各截面序列进行单位根检验。分别利用 Levin - lin - chu 检验、ADF - Fisher 检验和 PP - Fisher 检验进行检验。前者为同质单位根检验，即认为各截面序列具有相同的单位

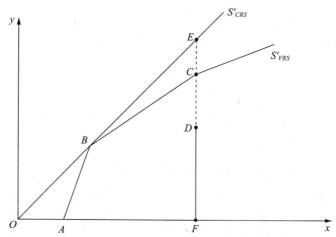

图 4-3　一种投入和一种产出下纯技术效率和规模效率的分解

资料来源：Tim Coelli（2008），A Guide to DEAP Version2. 1：A Data Envelopmnt Analysis Program.

表 4 – 9　　　全国 30 个省（区、市）2000—2010 年主要年度

全要素生产率指数（TFP）

地区	2000 年	2002 年	2004 年	2006 年	2008 年	2010 年
北京	1.076	1.297	1.110	1.027	0.969	1.040
天津	1.088	1.111	1.077	1.035	1.010	1.074
河北	1.003	0.996	0.951	0.895	0.907	0.940
山西	0.934	1.182	0.961	0.948	1.048	1.095
内蒙古	0.998	1.091	1.060	1.108	1.085	0.985
辽宁	1.091	1.073	0.954	1.027	1.056	1.037
吉林	1.087	1.066	0.924	1.048	1.022	1.013
黑龙江	1.083	0.965	0.954	0.925	1.008	1.041
上海	1.070	1.072	1.079	1.082	1.016	1.081
江苏	1.033	1.033	0.916	1.024	1.024	1.052
浙江	1.003	1.071	0.903	1.027	1.025	1.090
安徽	0.921	0.933	0.907	0.884	0.865	0.893
福建	1.016	0.987	0.893	0.966	1.007	1.071
江西	0.968	0.951	0.855	0.899	0.910	1.027
山东	0.994	0.953	0.896	0.922	0.969	0.993
河南	0.999	0.973	0.937	0.842	0.809	0.922
湖北	1.023	0.837	0.943	0.956	0.93	1.054
湖南	0.969	0.929	0.929	0.928	0.941	0.961
广东	1.074	1.202	0.996	1.001	0.991	1.016
广西	0.949	1.026	0.943	0.887	0.863	0.894
海南	1.047	1.110	1.044	1.068	1.095	1.108
重庆	0.766	0.832	0.763	0.847	0.912	1.012
四川	0.949	0.949	0.918	0.934	0.911	0.951
贵州	0.948	0.959	0.908	0.963	0.978	0.956
云南	0.992	1.022	0.951	0.928	0.924	0.967
陕西	0.98	1.086	0.96	0.952	0.939	1.039
甘肃	0.921	0.987	1.013	1.028	0.909	0.919
青海	0.981	0.987	0.939	1.030	1.033	1.086
宁夏	0.965	1.118	0.883	0.997	1.139	1.109
新疆	1.130	1.038	1.071	1.088	1.021	1.116

表4-10　　全国30个省（区、市）2000—2010年主要
年度效率变动指数（EC）

地区	2000年	2002年	2004年	2006年	2008年	2010年
北京	1.017	1.099	1.033	0.985	0.948	0.976
天津	1.006	0.976	1.029	1.000	1.000	1.000
河北	0.991	1.063	1.048	0.923	0.951	0.932
山西	0.923	1.158	1.030	0.943	1.027	1.044
内蒙古	0.984	1.012	1.063	1.062	1.071	0.934
辽宁	1.027	0.867	0.931	0.990	1.035	1.005
吉林	1.045	0.962	0.956	1.020	1.002	0.979
黑龙江	1.048	0.886	1.016	0.943	1.001	0.978
上海	1.000	1.000	1.000	1.000	1.000	1.000
江苏	1.000	1.000	0.929	0.986	1.003	1.008
浙江	0.964	0.994	0.907	0.992	0.998	1.022
安徽	0.971	0.998	0.977	0.935	0.907	0.915
福建	0.977	0.896	0.944	0.961	0.985	1.024
江西	0.990	1.011	0.918	0.929	0.954	1.020
山东	1.000	1.000	0.993	0.951	0.986	0.974
河南	1.013	1.000	1.000	0.910	0.849	0.955
湖北	0.995	0.811	1.013	1.008	0.966	1.022
湖南	0.976	0.978	0.994	0.970	0.986	0.995
广东	1.000	1.000	1.000	1.000	1.000	1.000
广西	0.961	1.026	1.005	0.960	0.906	0.912
海南	0.977	0.910	0.973	1.020	1.068	1.037
重庆	1.000	0.901	0.820	0.898	0.957	0.993
四川	0.949	0.926	0.984	0.996	0.956	0.973
贵州	1.068	1.046	1.003	0.994	1.025	0.991
云南	1.003	1.022	1.014	1.008	0.969	0.986
陕西	0.979	1.131	1.033	1.014	0.986	1.015
甘肃	0.927	1.029	1.087	1.100	0.954	0.937
青海	0.969	0.915	0.995	1.071	1.048	1.037
宁夏	0.954	1.066	0.950	0.997	1.125	1.057
新疆	1.051	0.849	0.998	1.039	0.998	1.050

表 4 - 11　　　　全国 30 个省（区、市）2000—2010 年
主要年度技术进步指数（TC）

地区	2000 年	2002 年	2004 年	2006 年	2008 年	2010 年
北京	1.057	1.180	1.074	1.043	1.022	1.066
天津	1.082	1.139	1.047	1.035	1.010	1.074
河北	1.013	0.937	0.908	0.969	0.954	1.009
山西	1.012	1.021	0.933	1.006	1.020	1.049
内蒙古	1.014	1.078	0.997	1.043	1.012	1.054
辽宁	1.062	1.238	1.025	1.038	1.020	1.032
吉林	1.041	1.107	0.967	1.028	1.020	1.035
黑龙江	1.033	1.089	0.939	0.980	1.007	1.065
上海	1.070	1.072	1.079	1.082	1.016	1.081
江苏	1.033	1.033	0.986	1.039	1.021	1.044
浙江	1.040	1.077	0.996	1.035	1.028	1.067
安徽	0.949	0.935	0.928	0.946	0.953	0.976
福建	1.039	1.101	0.946	1.005	1.022	1.046
江西	0.978	0.941	0.932	0.968	0.954	1.007
山东	0.994	0.953	0.903	0.969	0.982	1.020
河南	0.986	0.973	0.937	0.925	0.953	0.965
湖北	1.028	1.031	0.931	0.948	0.963	1.032
湖南	0.993	0.950	0.934	0.957	0.954	0.965
广东	1.074	1.202	0.996	1.001	0.991	1.016
广西	0.987	1.000	0.938	0.925	0.953	0.980
海南	1.071	1.220	1.073	1.048	1.025	1.068
重庆	0.766	0.923	0.931	0.943	0.953	1.020
四川	1.000	1.025	0.934	0.938	0.953	0.978
贵州	0.888	0.917	0.905	0.969	0.954	0.965
云南	0.988	1.000	0.938	0.920	0.953	0.980
陕西	1.001	0.960	0.929	0.939	0.953	1.024
甘肃	0.994	0.959	0.932	0.935	0.953	0.980
青海	1.013	1.078	0.944	0.962	0.986	1.048
宁夏	1.012	1.049	0.929	1.000	1.012	1.049
新疆	1.075	1.222	1.073	1.047	1.023	1.064

表4－12　全国30个省（区、市）2000—2010年分年效率变动、

技术进步、纯技术效率变动、规模效率变动、

全要素生产率指数的统计结果

年份	effch	techch	pech	sech	tfpch
2000	0.992	1.008	1.008	0.984	0.999
2001	0.991	0.995	1.003	0.988	0.986
2002	0.981	1.043	1.000	0.981	1.023
2003	0.960	1.029	0.981	0.978	0.988
2004	0.987	0.965	0.98	1.006	0.952
2005	0.993	0.977	0.995	0.999	0.970
2006	0.986	0.987	0.985	1.001	0.973
2007	0.962	1.018	0.956	1.007	0.979
2008	0.987	0.987	0.979	1.008	0.974
2009	0.941	0.993	0.950	0.990	0.934
2010	0.992	1.025	0.988	1.004	1.016
均值	0.979	1.002	0.984	0.995	0.981

　　注：①effch、techch、pech、sech、tfpch分别表示效率变动、技术进步、纯技术效率变动、规模效率变动、Malmquist生产率指数。

　　②由于效率进步和技术进步已经在前文有所论述，这里仅介绍纯技术效率和规模效率的分解。如图4－3所示为一种投入和一种产出的情况。其中OBE为规模报酬不变的生产前沿，ABC为规模报酬可变的生产前沿，AB表示规模报酬递增，BC表示规模报酬递减，D点为实际投入产出点（x^t，y^t）。以规模报酬不变前沿面为参照，D点的技术效率为DE/EF，纯技术效率是以规模报酬可变生产前沿面为参照，E生产点的纯技术效率为DE/CF，规模效率为CF/EF。

表4－13　全国30个省（区、市）2000—2010年分省（区、市）

效率变动、技术进步、纯技术效率变动、

规模效率变动、全要素生产率指数的统计结果

地区	effch	techch	pech	sech	tfpch
北京	1.005	1.066	1.008	0.997	1.071
天津	1.001	1.058	1.000	1.001	1.059
河北	0.975	0.963	0.976	0.999	0.939

续表

地区	effch	techch	pech	sech	tfpch
山西	0.999	1.006	1.002	0.997	1.006
内蒙古	1.009	1.033	1.007	1.002	1.043
辽宁	0.980	1.057	0.984	0.996	1.036
吉林	0.995	1.024	0.991	1.004	1.019
黑龙江	0.974	1.013	0.977	0.997	0.986
上海	1.000	1.064	1.000	1.000	1.064
江苏	0.988	1.024	0.995	0.993	1.012
浙江	0.979	1.037	0.977	1.001	1.015
安徽	0.934	0.959	0.936	0.998	0.895
福建	0.972	1.024	0.973	0.999	0.996
江西	0.946	0.970	0.950	0.996	0.918
山东	0.977	0.971	0.978	0.999	0.948
河南	0.946	0.961	0.946	1.001	0.909
湖北	0.973	0.991	0.975	0.998	0.964
湖南	0.971	0.967	0.975	0.996	0.939
广东	1.000	1.033	1.000	1.000	1.033
广西	0.949	0.969	0.954	0.994	0.919
海南	0.992	1.072	1.020	0.973	1.064
重庆	0.926	0.932	0.932	0.993	0.863
四川	0.954	0.973	0.955	0.999	0.929
贵州	1.012	0.934	1.042	0.971	0.945
云南	0.980	0.968	0.992	0.987	0.949
陕西	0.989	0.975	0.995	0.994	0.964
甘肃	0.976	0.968	1.000	0.976	0.944
青海	0.986	0.999	1.000	0.986	0.985
宁夏	1.006	1.004	1.000	1.006	1.009
新疆	0.986	1.072	0.988	0.998	1.056
均值	0.979	1.002	0.984	0.995	0.981

根过程；后两者为异质单位根检验，即允许面板数据中的各截面序列
具有不同的单位根过程。如果在给定的显著性水平下拒绝原假设，则
表明回归残差是平稳序列，不存在"伪回归"问题。单位根检验的结
果表明，面板数据各截面序列的一阶差分都通过了检验，表明是平稳
序列，可采用面板最小二乘的方法进行估计。检验结果见表4 – 14。

表4 – 14　　　　　　　　　　解释变量的单位根检验结果

检验类别	lnHUM	lnFDI	lnPAT	lnHUM × lnFDI	lnHUM × lnPAT	lnE	lnE × lnFDI	lnE × lnPAT
LLC test	– 8. 583 ***	– 5. 892 ***	– 8. 596 ***	– 8. 354 ***	– 6. 525 ***	– 5. 232 ***	– 6. 895 ***	– 5. 888 ***
ADF – Fisher	65. 135 ***	54. 935 ***	62. 934 ***	64. 193 ***	56. 135 ***	40. 576 ***	50. 100 ***	74. 293 ***
PP – Fisher	67. 144 ***	62. 817 ***	72. 311 ***	55. 027 ***	74. 525 ***	46. 66 ***	66. 074 ***	102. 429 ***

注：*、**、***分别表示在10%、5%、1%的显著性水平上显著。

为避免截面异方差和同期相关性，采用 FGLS（cross – section
SUR）的方法来实现回归。回归结果见表4 – 15。

表4 – 15　　　　　　　　　　模型回归结果（FGLS）

类别	模型 1			模型 2		
	lnTFP	lnEC	lnTC	lnTFP	lnEC	lnTC
lnHUM	0. 067 ***	0. 070 ***	0. 076 ***			
lnFDI	0. 043 ***	0. 051 ***	0. 045 ***	0. 023 **	0. 054 ***	0. 038 ***
lnPAT	0. 006	– 0. 011	– 0. 012	0. 041 ***	– 0. 013 **	0. 016 ***
lnHUM × lnFDI	– 0. 004 ***	– 0. 005 ***	– 0. 005 ***			
lnHUM × lnPAT	– 0. 0003	0. 001	0. 0008			
lnE				0. 168 ***	0. 201 ***	0. 164 ***
lnE × lnFDI				– 0. 007 **	– 0. 016 ***	– 0. 010 ***
lnE × lnPAT				– 0. 009 **	0. 004 *	– 0. 002
R^2	0. 790	0. 999	0. 894	0. 848	0. 999	0. 866
D. W.	2. 626	2. 457	1. 984	2. 311	2. 081	2. 060
F 统计量	113. 974 ***	26177. 470 ***	256. 006 ***	169. 312 ***	37807. 460 ***	196. 195 ***

续表

类别	模型 1			模型 2		
	lnTFP	lnEC	lnTC	lnTFP	lnEC	lnTC
FDI 偏效应	0.027	0.032	0.027	−0.002	−0.005	0.0006
PAT 偏效应	0.005	−0.007	−0.009	0.009	0.002	0.008
LLC test	−14.058***	−6.253***	−13.691***	−14.058***	−6.253***	−13.691***
ADF − Fisher	130.006***	122.575***	121.332***	130.006***	122.575***	121.332***
PP − Fisher	209.939***	174.789***	208.789***	209.939***	174.789***	208.789***
观测值	126	126	126	126	126	126

注：①模型 1 和模型 2 分别为基于一般受教育程度的人力资本模型和基于企业家才能的人力资本模型。

②*、**、***分别表示在 10%、5%、1%的显著性水平上显著。

③FDI 偏效应和 PAT 偏效应为笔者根据回归结果计算而得，具体计算方法可参见 J. M. Wooldridge, *Introductory Econometrics：A Modern Approach*, Cincinnati：South − Western College Publishing, 2000。

表 4 − 15 分别列出了基于一般受教育程度的人力资本模型和基于企业家才能的人力资本模型的回归结果。在两个模型中，两种人力资本对全要素生产率变动的 Malmquist 生产率指数、效率变动以及技术进步的正面促进效应都非常显著。其中，人力资本对效率变动的提升体现为企业经济效率和管理水平得到提高，"干中学"效应得到进一步发挥；人力资本对技术进步的提升体现为区域技术前沿的推进，从而使区域整体的技术水平得到提高。这说明人力资本的积累促进了"干中学"效应的发挥，且有利于提高区域内对先进技术和管理经验消化吸收的能力，从而拉动该地区的经济增长并促进区域整体技术效率的提升和技术前沿的推进。

在模型 1 中，基于一般受教育程度的人力资本对全要素生产率、效率变动和技术进步的弹性值分别为 0.067、0.070 和 0.076。而在基于企业家才能的人力资本的模型 2 中，企业家才能对全要素生产率、效率变动和技术进步的弹性值分别达到 0.168、0.201 和 0.164，说明企业家才能每增加 1 个百分点，区域全要素生产率、效率变动和技术进步分别拉动 0.168 个、0.201 个和 0.164 个百分点，均明显高于模型 1 中一般受教育程度的人力资本的弹性值。可见，企业家才能对区域创新与经济增长的推动作用要显著高于用一般受教育程度来衡量的人力资本。根据前文对效率变动（EC）和技术进步（TC）概念的定义，则上述结果表明，企业家才能有利于企业经济效率和管理水平的提升，实现"干中学"效应；同时，企业家才能还有利于实现"一揽子要素"的整合创新，从而提高区域整体的技术水平。

企业家作用不仅停留于静态层面。从动态角度看，企业家对区域经济起到了很好的"示范"和"扩散"效应，产生了一个"企业家呼唤企业家"的正反馈机制。企业家才能的正向累积促进了区域创新效率的提升并推动了整个区域经济的发展。

FDI 和专利授权数对区域全要素生产率以及效率变动和技术进步的影响程度要同时考虑到单变量回归结果以及交叉项回归结果。企业家作用取对数后的均值为 3.739，再据此算出 FDI 和专利授权数对全要素生产率、效率变动和技术进步的偏效应。根据计算结果，模型 1 中人力资本和 FDI 的连接作用对区域全要素生产率增长、效率变动和技术进步都产生了积极作用，而在模型 2 中企业家才能和 FDI 的连接作用对区域全要素生产率增长及效率变动的效应为负，对技术进步的效应为正。这说明技术进步的正效应要小于效率变动的负效应，因而企业家才能和 FDI 的连接作用对区域经济增长的总体贡献程度为负。笔者认为，这个结果是合理的。近年来对外商直接投资的大量引进在很大程度上对企业家尤其是民营企业家才能的发挥形成了一定的替代作用，即外商直接投资对本土企业的技术外溢及"示范效应"并不明显。有学者认为，FDI 会阻碍内资企业通过研发来缩小与国际先进技术水平之间差距的努力。Poncet（2010）等在对中国内地企业研究调查的基础上提出了"政治啄食理论"（political pecking order theory）。他们认为，国内的外资企业和国有企业对民营企业在信贷配给及资源利用上都存在一定程度的"挤出效应"。这表明外商直接投资可导致企业家才能的发挥受到某种抑制。①

　　再看人力资本和作为创新指标的地区专利授权数对经济增长的偏效应，计算方法同前。根据结果，模型 1 中用一般受教育水平来衡量的人力资本和创新的连接作用对区域全要素生产率增长、效率变动和技术进步的影响程度均不显著。而在模型 2 中，企业家才能和创新的连接作用对全要素生产率增长和效率变动呈正面促进效应。可以认为，企业家才能明显区别于前者的一般人力资本，企业家才能和区域创新活动存在一定程度的良性互动。随着区域创新程度的提高，区域专利授权数大幅提升，企业家通过购买或自主研发所获得的专利提升了企业绩效及技术水平，同时促进了区域全要素生产率的提高，并推动了该地区的技术进步。以创新程度较高的江浙地区为例。从创新的总量数据来看，2009 年江苏和浙江的专利授权数分别达到 87286 项和79945 项，而全国平均专利授权数为 15593 项。从创新的人均数据来看，江苏和浙江每万人拥有专利授权量分别达到 11.3 项与 15.4 项，而全国平均值仅为 3.5 项。从创新的结构数据来看，江苏和浙江专利授权数中的发明专利数分别达到 5322 项与 4818 项，而全国平均仅为1887 项。因而，无论从总量、人均还是结构数据来看，江苏和浙江两省的创新绩效均远高于全国平均水平。而江苏和浙江两省的企业家丰度是全国最高的两个省份。可见，江苏和浙江两省的企业家很好地把握并利用了市场创新的契机。事实上，企业家既是"一揽子要素"的支配者，又是信息利用和传播的主体，企业家在信息利用和传播的过程中已经实现了对信息的有效"筛选"和"甄别"。近年来江苏和浙江一带不少具有商业头脑和市场直觉的企业家擅长以市场为导向进行技术创新和产品研发，采用"星期天工程师"的方式或与地方高校构建产学研平台的方式吸引技术人才，实现人才的"柔性"流动。即通过市场买"脑袋"，在货币资本拥有方和人才资本拥有方之间形成了

---

　　① Baumol 认为企业家职能的配置取决于相对社会支付。当企业家的生产性努力（productive activities）受到抑制时会转向"寻租"等非生产性努力（unproductive activities），具体请参见 W. J. Baumol, "Entrepreneurship: Productive, Unproductive, and Destructive", *Journal of Political Economy*, Vol. 98, No. 5, 1990, pp. 893 - 921。

有效的纽带，从而降低双方信息不对称程度，提高技术创新的成功率。因而，企业家才能拓展与区域自主创新实现了良性互动，在提升自身企业绩效的同时促进了区域经济的增长与比较优势的增进。

第四节　本章小结

当前我国企业参与全球价值链分工的程度日益深化，企业家才能在比较优势增进过程中要素主体的重构及要素配置创新的实现亟待进一步显化。本章将企业家才能纳入一般均衡的分析框架，论证企业家才能对动态比较优势增进的影响成因。而比较优势的增进可体现为专业化分工深化与内生技术进步，可以全要素生产率的上升为表征。因此，笔者采用实证检验的方式验证东部九省（区、市）企业家才能对全要素生产率的影响程度，主要研究结论是：

（1）企业家才能对全要素生产率的推动作用显著高于用一般受教育程度来衡量的人力资本。企业家才能不仅提升了区域全要素生产率，同时还促进了效率变动和技术进步。其中，企业家才能对效率变动的提升体现为企业经济效率和管理水平得到提高，"干中学"效应得到进一步发挥；企业家才能对技术进步的提升体现为"一揽子要素"的整合创新，从而提高区域整体的技术水平。因此，企业家才能的发挥对于转变经济增长方式、提升经济增长质量具有重要意义。

（2）企业家才能和FDI的连接作用对区域全要素生产率、效率变动及技术进步的影响为负，即FDI的引入对企业家才能的发挥造成一定的替代与"挤出效应"。因此，应避免各地政府在招商引资上竞相给予外资"超国民待遇"等过度竞争行为，进一步提升开放经济的质量。

（3）企业家才能和创新的连接作用对区域全要素生产率增长及效率变动的正面促进影响显著，即企业家才能拓展和区域自主创新可实现良性互动。企业家以市场为导向进行技术创新和产品研发，减少了研发的风险性，提高了创新的成功率，在提升自身企业绩效的同时推动了区域经济的增长。

　　企业家的才能得到激活与拓展是区域经济发展及国际分工地位提升、比较利益得到进一步实现的关键。其主要实现途径有以下三个方面：

　　首先，需进一步实现物资资本和企业家人力资本的有效结合。以往估计全要素生产率的研究往往忽略了内嵌于设备资本中的体现型技术进步，导致在对全要素生产率的估计中忽视了资本积累本身所蕴含的技术进步因素。而企业家通过对国外成套设备的引进，可实现生产函数中的劳动要素（L）为资本要素（K）的替代，从而逆转产品本身所蕴含的要素密集度。因此，企业家通过对技术内嵌型资本的利用可进一步提升"干中学"效应，这有利于发展中国家更好地利用"后发优势"，实现比较利益的增进。

　　其次，企业家应注重对适宜技术（appropriate technology）的选择。Acemoglu 和 Zilibotti（2001）认为，当一国所采用的技术和本国要素禀赋结构不匹配时就会产生生产率的差异。发展中国家要取得发展必须遵循符合本国比较优势的发展战略，同时选择适宜技术，并使其与本国要素禀赋相匹配，而没有必要选择发达国家最为先进的技术。企业家才能作为一种异质性人力资本，具有选择适宜技术进而实现技术创新的内生激励。企业家的创新过程主要依托"一揽子要素"的优化配置而获取要素整合的创新。这是一个在面临资金约束、成本约束及市场研发风险等制约下选择与市场需求吻合之适宜技术的过程。企业家显然不是"被动接受"先进技术，而是"主动寻求"先进适宜技术。一般而言，先进适宜技术的"适宜性"体现在三个层次：一是该类技术运用成本与预期收益相平衡的适宜性；二是自身对该类技术消化吸收能力的适宜性；三是该类技术与市场需求相吻合的适宜性。企业家选择先进适宜技术的方式包括选择以市场为导向的专利购买或实现"星期天工程师"这样"以市场换脑袋"的人才柔性流动。企业家通过主体能动性的发挥，在选择和利用先进技术实现产品创新和企业绩效提高的同时，可进一步推动区域创新，实现"富民效应"，这是符合本地要素禀赋结构的"顺比较优势"的发展战略。

最后，民营企业家潜能要得到进一步拓展还依赖于市场化制度的保障。市场化进程较快的东部地区经济发展速度较快，这和该地区民营企业家的资源丰裕高度相关。可见，市场化取向的经济体制改革和有利于民营经济发展的外部环境促进了民营企业家的形成、成长和发展。市场化对潜在的民营企业家提供了一个自我试错、自我甄别和社会发现的显化途径，有利于民营企业家资源的激活和拓展。企业家才能的显化不仅需要现代先进技术的引进和先进管理经验的采用，还需要一个良好制度环境的保障。这样的制度支撑不仅包括产权保护、专利保护等一系列正式制度，还需要企业家文化的传播、企业家责任的信仰支持和社会道德等非正式制度的支持。正如吴敬琏所言，制度高于技术。进一步深化市场化取向的体制改革，可为民营企业家才能的发挥提供良好的制度环境，并促使民营企业家潜能得到进一步激活与拓展。这对于区域经济的持续增长及比较利益的进一步增进具有重要意义。

第五章　企业家才能配置、生产技术前沿 推进与动态比较优势增进

当前中国经济正处于改革发展的关键时期，面对已经凸显的影响经济持续发展的总矛盾，转型与创新显得尤为关键，而企业家既是经济转型的微观基础，又是推动转型的中坚力量。企业家创新属于"创造性的破坏"，不同于一般的技术创新，不仅包括产品的技术创新，还包括市场创新、组织创新以及商业模式创新、制度创新等。因此，要充分发挥企业家的创新潜能必须加强对企业家创新概念的理解。而企业家拥有的知识不仅仅是"显性知识"，更多地体现为包含其创新及组织才能的"隐性知识"。因此，本章首先考察民营企业家如何拓展其创新才能，实现区域创新协同，弥合实际生产函数与前沿生产函数的效率缺口，从而实现生产技术前沿的推进与动态比较优势增进。通过将企业家才能纳入区域创新绩效提升的分析框架，并构建包含企业家"隐性知识"的新的知识生产函数。结论表明，企业家才能对于地区创新绩效提升的作用要高于专业技术人员。企业家较注重技术成果与市场需求的吻合，并能努力寻求技术水平与生产成本之间的平衡，在实现"顺市场导向"研发的同时推动品牌创新，从而实现技术创新与要素整合创新的良性互动。

接下来，本章进一步考察企业家的市场创新能力，企业家通过开拓市场规模，发掘市场潜力，实现产品创新与市场创新的有效对接。在实证分析中，笔者在创新绩效模型的分析框架中进一步引入市场规模因素，通过模型的层层递推发现企业家才能拓展与市场规模扩大的协同效应能进一步促进区域创新绩效的提升，并且东部地区的创新绩效要明显高于全国平均水平。可见，企业家通过市场创新形成区域创新绩效提升的"自增强机制"，最终通过"反哺"技术创新，实现生

产技术前沿的推进。

第一节 企业家才能配置、生产技术前沿 推进与区域创新绩效提升

"创新"（Innovation）是一个国家或地区经济发展的原动力。《新帕尔格雷夫经济学大词典》对"创新"一词的定义秉承"熊彼特学派"或"新熊彼特学派"，即认为创新包含发明、创新和创新的扩散三重概念，创新既用来表示新产品或新工艺的首次引入，也用来说明把一项或一系列发明引入商业中的过程，即包含"创新的管理"——一个可能需要花费若干年去开发完善试生产和开拓市场的过程。熊彼特式的经济增长理论以创新和"创造性破坏"（creative destruction）为特征，将微观的企业创新行为与宏观的经济增长联系起来，成为其后强调技术进步内生化的"内生增长理论"的核心。内生增长理论将人力资本的积累纳入经济增长的分析框架，并将人力资本中的熟练劳动力区别于非熟练劳动力，进而解释了各地区经济增长与创新绩效的差异（Romer，1990；Grossman & Helpman，1991）。然而，Romer 模型及 G—H 模型在承认技术进步内生化的同时，却忽略了作为技术进步与经济增长动力源的企业主体是具有创新精神的企业家，而企业家精神却无法用劳动力的熟练程度来进行简单衡量。熊彼特认为，企业家精神和技术进步并非经济发展的两个不同的影响因素。在现实中，企业家精神和技术进步是一回事，前者是后者的助推器（Schumpter，1942）。

从中国目前技术进步的快速发展可以看到，近年来我国各地区的区域创新能力获得显著提升。表 5-1 为 2001—2009 年全国及各区域万人拥有专利授权数与商标注册数的统计，专利授权数和商标授权数分别表征区域内的技术创新水平和品牌创新水平。专利授权总量包含发明专利、实用新型专利及外观设计专利三项。可见，不管从各项专利授权量还是商标注册数来看，东部地区的创新绩效均要高于中西部

表 5 – 1　　　　　2001—2009 年全国及各区域万人拥有
专利授权数与商标注册数①

地区	人均专利总量授权	人均发明专利授权	人均实用新型专利授权	人均外观设计专利授权	人均商标注册数
全国	1.69	0.24	0.78	0.67	2.19
东部	3.70	0.53	1.62	1.54	4.59
中部	0.65	0.09	0.40	0.16	0.94
西部	0.54	0.06	0.27	0.21	0.83

资料来源：各年度《中国统计年鉴》、《中国知识产权年鉴》。

地区，东部地区的各项创新产出指标达到全国平均水平的 2 倍左右，创新绩效的地区差异十分明显。造成上述区域创新绩效差异的原因主要有研发投入的差异（李平、崔喜君、刘健，2007）、区域人力资本的差异（张家峰、赵顺龙，2009）、区域创新外部环境的差异（于明超、申俊喜，2010）、地区经济发展水平及开放程度的差异（万广华、范蓓蕾、陆铭，2010）以及地区引进技术或消化吸收能力的差异（林云、金祥荣，2008）等。而事实上，诸多关注区域创新投入产出"黑匣"机制的研究往往将研发投入作为创新差异的主要原因，将外部环境及制度变量作为影响区域创新绩效提升的主要约束变量，而对于创新主体的研究却相对甚少。事实上，研发投入及制度约束是区域创新绩效的固有条件，而区域创新主体才是影响创新绩效增进的根本要素及主动性要素。现有文献在涉及区域创新主体研究中大多将人力资本主体要素做均质化处理，即将研发人员或专业技术人员作为唯一的区域创新主体，而忽略了企业家这一"异质性"区域创新主体。

事实上，我国目前面临体制转型与经济开放，参与全球化分工的

_____

①　本书所指东部地区包括北京、天津、河北、辽宁、上海、江苏、浙江、福建、山东、广东、海南 11 个省级行政区，中部地区包括山西、吉林、黑龙江、安徽、江西、河南、湖北、湖南 8 个省级行政区，西部包括内蒙古、广西、四川、重庆、贵州、云南、西藏、陕西、甘肃、宁夏、青海、新疆 12 个省级行政区。

程度正日益加深。当前，国际新型分工的特征是以进出口诸方在产品生产的多个环节上混合使用多种要素从而组成全球价值链为特征的，不同的国家和企业只从事特定阶段的生产，从而在不同的生产（经营）环节上形成特定的分工。我国主要以简单劳动等初级要素参与国际分工，导致在利益分配上易陷入"低端锁定"与"引进依赖"，并使比较利益发生扭曲。在全球化下市场竞争日趋激烈的现实中，不少企业即使创新能力很强，却依然面临被市场淘汰；不少企业努力创新却还是被价格竞争困扰，依然在微利中挣扎，无法实现持续创新。因此，实现全球产业链分工过程中比较利益的增进需要稀缺的高级生产要素的参与。而企业家才能实际上属于稀缺的高级生产要素，这一点至今尚未被普遍认识到。因此，技术创新所依托的人力资本要素不仅包含专业技术人员的人力资本，更应包含企业家人力资本。企业家才能的发挥有利于实现全球价值链分工中要素主体的重构与要素密集度的逆转，进而实现扭曲的比较利益格局的矫正。根据上述分析，本章尝试将异质性创新主体——企业家才能纳入区域创新绩效的分析框架中进而解释影响区域创新差异的成因。

我国区域创新绩效差异明显，创新绩效较高的省份主要集中于东部沿海地区，这些地区的市场化进程较快，民营经济得到迅速发展，企业家资源较为丰裕。从东部沿海地区的浙江、江苏、广东三大开放型创新强省的创新指标来看，2001—2009 年，三省的专利授权数的年均增长率达到51.9%，显著高于全国平均水平的24.36%。三省的商标注册数年均增长率达到41.23%，也显著高于全国平均水平的25.6%。表5-2是2009年三省以专利授权数、商标注册数的总量绝对值为衡量的科技产出与以科技活动经费内部支出、科技活动人员数为衡量的科技投入的全国排名。值得关注的是，江苏、浙江和广东三省同期的私营企业家丰度也处于全国前三位，与前述科技活动的产出与投入均具备相随变动的特征。①

从《中国科学发展报告2010年》区域创新发展指数指标构建体

---

① 三省排名为剔除直辖市后的省际实际排名。

系中的科技贡献水平指数来看，2001—2009 年，位于该指数排名的前八名东部地区创新领先省（区、市）的专利授权数的年均增长率高达75.06%，商标注册数的年均增长率高达 62.96%。① 将 2009 年度全国 31 个省（区、市）以及这八个创新程度较为领先的东部省（区、市）的企业家丰度对区域经济发展的部分指标分别做斯皮尔曼等级相关系数检验，发现所有指标都是显著的。

表 5 - 2　　　　　典型开放型创新强省投入产出指标排序

地区	科技活动产出		科技活动投入		
	专利授权数	商标注册数	科技活动经费内部支出	科技活动人员数	私营企业家丰度
浙江	3	2	4	3	2
江苏	1	3	1	2	1
广东	2	1	2	1	3

注：三省排名为剔除直辖市后的省际实际排名。

表 5 - 3　　　　企业家丰度对创新省（区、市）经济发展
指标的斯皮尔曼等级相关系数（2009 年）

地区	人均 GDP	城镇人均可支配收入	农村人均纯收入	人均消费品零售额	人均专利授权量	人均发明授权量
全国 31 个省（区、市）	0.819***	0.633***	0.729***	0.784***	0.8***	0.725***
创新领先 8 个省（区、市）	0.905***	0.81**	0.905***	0.81**	0.881***	0.762**

注：*表示在10%的显著性水平上显著，**表示在5%的显著性水平上显著，***表示在1%的显著性水平上显著。

从表 5 - 3 中可以看出，创新领先省（区、市）的企业家丰度与经济发展各项指标的斯皮尔曼等级相关系数基本要高于创新弱省（区、市）

---

① 科技贡献水平排序前 10 名的省（区、市）分别为北京、上海、天津、重庆、江苏、浙江、广东、陕西、辽宁和山东，其中重庆和陕西属于西部地区，本章研究主要考虑上述东部地区的 8 省（区、市）。

及全国平均水平。创新领先省（区、市）的私营企业家丰度与人均 GDP、城镇人均可支配收入、农村人均纯收入的相关系数较高，表明企业家才能对于区域内经济增长起到了明显的"拉动"效应，企业家丰度与人均消费品零售额的相关性则揭示了企业家才能的发挥推进了专业化分工程度的进一步加深，并有利于国内或海外销售渠道的进一步拓展与销售市场的进一步扩大。企业家丰度与专利授权量与发明授权量的高度相关则表明企业家才能对于区域自主创新能力的提升以及自主品牌的建设有明显的促进作用。企业家要素具备"管理作用""组织作用"与"创新作用"，故企业家丰度较高的地区，其技术创新能力也越高。

基于 Griliches（1998）知识生产函数的柯布—道格拉斯形式可表示为：

$$Q_i = AK_i^{\alpha}L_i^{\beta}e_i^{\varepsilon} \tag{5.1}$$

其中，Q_i 表示创新产出，一般以专利申请数或授权数来衡量，K_i 表示创新资本投入，一般文献采用研发资本存量或研发经费来衡量，L_i 表示创新劳动投入，一般采用研发人员数或研发人员参与的全时当量来衡量。e_i 表示影响创新产出的其他因素。α 和 β 分别表示资本和劳动的产出弹性，A 表示技术水平。

然而，上述的一般知识生产函数以研发人员作为创新劳动投入的"唯一"参与要素存在明显不足。由于研发人员的创新仅仅包含技术创新，其所拥有的知识形态为"显性知识"，属于可编码知识。[①] 而事实上，区域整体创新体系效率实现增进更依赖于企业家才能这一高级生产要素的参与。企业家是包含技术、管理及其他生产要素等"一揽子要素"的所有者和支配者，是企业要素配置优化的动力源及区域创新的重要解释变量。企业家创新有别于研发人员的"技术创新"，其本质是"建立一种新的生产函数"、"实行对生产要素的重新组合"。企业家所拥有的知识是包含技术、管理水平在内的"隐性知

---

① 卡森认为，知识资产既包括有形资产，也包括技术、专利、管理技能、品牌商标、市场技能、市场信息情报等无形资产。具体见 P. J. Buckley and M. Casson, *The Future of the Multinational Enterprises*, London, Macmillan, 1976; *A Theory of International Operation*, North – Holland, Amsterdam, 1978.

识"（hidden knowledge）或默会知识（tacit knowledge），属于不可编码知识。[①] 因此，考虑到企业家才能的"隐性知识"对创新产出的影响，这里将式（5.1）的一般知识生产函数修正为包含企业家才能的新的知识生产函数，并将其表示为：

$$Q_i = AK_i^\alpha L_i^\beta E_i^\gamma e_i^\varepsilon \tag{5.2}$$

其中，E_i 表示企业家才能，γ 表示企业家才能的产出弹性。[②]

对式（5.2）左右两边取对数，得到式（5.3）：

$$\ln Q_i = a_0 + \alpha \ln K_i + \beta \ln L_i + \gamma \ln E_i + \varepsilon_i \tag{5.3}$$

采用省际面板数据进行实证检验，考虑到创新的各项投入对创新产出存在一定的时滞效应，笔者沿用 Gurrero 和 Sero（1997）的做法，将所有创新产出做滞后一年处理，这样也同时控制了模型的内生性问题。则回归模型估计的具体形式可表示为：

$$\ln Q_{it} = a_0 + \alpha \ln K_{it-1} + \beta \ln L_{it-1} + \gamma \ln E_{it-1} + \varepsilon_{it} \tag{5.4}$$

在区域创新的产出变量的选取方面，笔者认为，单纯的专利申请数或授权数不足以衡量区域自主创新能力。区域自主创新能力应该包含两个层次。其一为以专利申请数或授权数来衡量的技术创新层次，即为狭义自主创新；其二为包含区域内企业相应销售渠道控制及品牌构建的品牌创新层次，即为广义自主创新。该层次的创新指标包含知识产权这一重要维度，即除专利之外，再加上商标，可以更好地反映创新与市场之间的联系。因此，本章实证研究中的创新产出以人均知识产权来表征，即采用人均专利授权数和人均商标申请数的加权平均值作为度量，将两者权重各取 0.5 实现加权。在创新投入的选取方面，以人均科技活动经费内部支出来衡量创新的资本投入，以科技活动人员丰度来表征专业技术人员创新投入和以企业家丰度来表征企业

---

① 卡森认为，知识资产既包括有形资产，也包括技术、专利、管理技能、品牌商标、市场技能、市场信息情报等无形资产。具体见 P. J. Buckley and M. Casson, *The Future of the Multinational Enterprises*, London, Macmillan, 1976; *A Theory of International Operation*, North - Holland, Amsterdam, 1978。

② 本章生产函数模型以回归模型的形式来表现。而回归的实质显示的是一种显著的"相随变动"的统计关系，它本身并不代表因果关系，而只是作为探索因果关系的一个"指示"。

家才能作为创新的劳动投入。回归的时间跨度为 2000—2009 年，即创新产出数据为 2001—2009 年，创新投入数据为 2000—2008 年。以上数据分别来源于各年度的《中国统计年鉴》《中国科技统计年鉴》与《中国知识产权年鉴》。

本章采用面板数据分别对全国 31 个省（区、市）与创新领先的省（区、市）进行计量回归。回归之前首先需要进行模型选择。考虑到面板数据存在截面和时间两个方向的固定效应（Fixed Effect，FE）或随机效应（Random Effect，RE），即允许常数项在截面和时间方向差异的同时也允许误差项在两个方向上的差异。因此，首先通过冗余固定效应似然比检验（redundant fixed effect likelihood test，LR 检验）和 Hausman 检验来确定两个方向是固定效应还是随机效应。前一个检验的原假设为不存在固定效应，而 Hausman 检验被拒绝表明应该选择固定效应。我们将基本模型均设为截面方向为随机效应，时间方向为固定效应。检验结果显示，检验截面随机效应的 Hausman 检验都无法拒绝"随机效应成立"的原假设，而检验时间方向固定效应的 LR 统计量都拒绝了"不存在固定效应"的原假设，因此，截面方向为随机效应，时间方向为固定效应。表 5 - 4 为模型的回归结果。①

从回归结果可以看出，创新领先的省（区、市）的各项创新投入指标的回归系数要明显高于全国平均水平，且各项系数显著程度都较高。对于创新领先的省（区、市）而言，其创新资本投入的弹性值达到 0.452，表明科技活动经费内部支出每增加 1 个百分点，创新产出提高 0.452 个百分点。创新劳动投入则需要分别区分专业技术人员（本章用科技活动人员数来代替）和企业家才能的不同作用。其中，创新领先省（区、市）的科技人员对区域创新产出的弹性值为 0.363，高于全国平均的 0.217。而创新领先省（区、市）的企业家才能对于区域创新的贡献程度达到 0.667，表明企业家每增加 1 个百

---

① 由于篇幅所限，本章未列出其余 23 个省（区、市）的回归结果。结果显示，这些省（区、市）的资本投入、专业技术人员投入与企业家投入对创新产出的弹性值分别为 0.408、0.125 和 0.300，均显著低于创新领先的省份与全国平均水平的相应弹性值。

表 5－4　　　　　　　　　　　　模型回归结果

	全国 31 个省（区、市）		创新领先的 8 个省（区、市）	
C	－ 1.030 *	（－ 1.622）	－ 4.413 **	（－ 2.233）
lnK	0.416 ***	（6.479）	0.452 ***	（3.830）
lnL	0.217 ***	（3.049）	0.363 ***	（2.798）
lnE	0.338 ***	（5.538）	0.667 ***	（3.955）
R²	0.912		0.963	
F 统计量	250.813 ***		142.648 ***	
LR 值	40.994 ***		19.797 ***	
Hausman 值	46.514		8.471	
模型选择	RE，FE		RE，FE	
观测数	279		72	

注：RE 与 FE 分别表示面板数据的截面方向与时间方向的模型选择。括号内为 t 统计量值，＊表示在 10% 的显著性水平上显著，＊＊表示在 5% 的显著性水平上显著，＊＊＊表示在 1% 的显著性水平上显著。

分点，区域创新能力提升 0.667 个百分点。该回归系数明显高于全国平均水平的 0.338。另一重要结果是不论是对于创新领先的 8 个省（区、市）还是全国 31 个省（区、市）而言，企业家才能对于区域创新效率增进的系数均显著高于专业技术人员的回归系数。这实际上是由企业家这一"异质性"创新主体的内在特点决定的。企业家有别于专业技术人员，专业技术人员仅是接受过较长培训时间并拥有特殊技能的专业人士，其所拥有的知识、技能属于单项生产要素。而企业家才能属于稀缺的特殊生产要素。企业家是"一揽子要素"的所有者和支配者，能够更好地实现要素的规模报酬递增，进而实现"创新协同"效应，这要比单项要素叠加的效率更高。企业家通过组织"增加要素投入量"和"提高单位投入量的产出率"两方面来提升区域创新水平。企业家和专业技术人员两者本质差异的具体概括如表 5－5 所示。

表 5 – 5　　　　企业家丰度与专业技术人员特征差异的比较分析

比较类别	企业家	专业技术人员
要素配置方式	"一揽子要素"的"支配者"	专项知识、技术要素的"运用者"
创新方式	熊彼特意义上要素整合的"创新",具有洞察、捕捉、把握市场机遇的能力	技术研发的创新
"干中学"方式	在技术、管理等"一揽子要素"的优化重组中"干中学"	在研发实践中实现"干中学"
知识构成方式	以"Know How"等隐性知识为主	以"Know What"等显性知识为主
报酬激励方式	不确定条件下获取"剩余最大化"为主,要承担市场风险①	需确定条件下获取报酬为主,不需要承担市场风险
人力资本评估方式	人力资本较难估计,需要通过市场检验后才被社会认可	人力资本较易通过学历、职称等显性信号获得社会认可

　　事实上,企业家才能与专业技术人员对于区域创新体系绩效增进作用的差别关键在于企业家对于市场需求的敏锐把握。一般专业技术人员通常考虑技术水平的先进性,而往往会忽略技术研发的风险、滞后反映的市场风险及研发过程中可能的道德风险。这种单纯以"水平"为导向进行的技术研发往往在考虑技术参数先进性的同时会忽视研发成本的约束条件和市场需求状况,致使许多成果水平很高但成本更高,达不到产业化生产的要求。从产品的市场实现的角度来看,专利的经济效果并不仅仅停留于展品与样品层次,而应是畅销商品层次。熊彼特本人在使用"创新"这一表达方式时也强调发明与创新之间的不同,即实验室条件下的工作与商业条件下的工作是不同的。发明过程与商业引进的衔接过程中会出现多次的脱节。从实验室规模过渡到实用规模中遇到的问题会使很多良好的构思不得不取消,甚至出现未曾想到的缺陷。许多发明都有专利,但是相当一部分专利几乎没

----

　　① 奈特在《风险、不确定性和利润》一书中对企业家精神进行分析,认为"从效率的角度看,不确定性报酬比确定性报酬更能激发人们的工作热情和效率"。

有投入实际的商业应用。

而企业家却可以在实验室发明与商业应用的衔接中起到不可或缺的关键作用。企业家所实现的是熊彼特意义上的"创新"，他们能够洞察市场需求，在对市场信息进行"发现""利用""创造"和"传播"的过程中，把握技术先进水平和研发成本约束中的平衡点，并按照用户的意见不断反馈改进设计、工艺和服务，提高技术成果的转化率。近年来，江浙一带不少具有商业头脑和市场直觉的企业家擅长以市场为导向进行技术创新和产品研发，他们通过"星期天工程师"的方式实现人才的"柔性"流动。通过市场买"脑袋"，在货币资本拥有方和人才资本拥有方之间形成了有效的纽带，使双方信息不对称程度降低，技术创新的成功率提高，从而提升企业的创新水平与区域整体的创新绩效。自主创新程度较高的广东深圳曾提出自主创新的四个"90%"，即90%以上研发人员集中在企业、90%以上研发资金来源于企业、90%以上研发机构设立在企业、90%以上职务发明专利生产于企业。可见，确立企业创新的主体地位是区域创新绩效提升的关键。

虽然这些年从整体上看，我国企业在创新方面进步明显，企业家具备越来越强的创新意识，企业创新能力明显提高，创新投入持续增加，企业创新实践有效促进了企业绩效和区域创新绩效的提高。然而，相当一部分的民营企业却依然面临拥有创新动力却缺乏创新能力的现实困境。2015年中国企业家调查系统的《中国企业家成长与发展专题调查报告》指出，当前企业创新的困境主要来源于以下几个方面：①观念创新、市场创新、技术创新是主要难题，而技术创新则是最应加强的创新工作。②创新人才缺乏是制约企业创新的主要因素，此外，创新资金缺乏，缺乏健全的创新组织体系和创新的外部环境影响到企业家创新。③企业的创新资金仍然存在外部渠道较为单一。2009年度中国民营企业500家调研结果显示，民营企业500强技术创新资金来源依然有82.2%的企业依靠企业自有资金，依靠银行信贷的企业占35.4%，依靠资本市场融资的企业仅占9.6%。④创新模式以渐进式创新为主，突破式创新较少。调查显示，我国企业36.4%采取渐进式创新与突破式创新并重,采取渐进式为主导的占28.6%,而采取突破性创新为主的只占8.3%。① ⑤创新效率不高,创新投入和创新产出存在较大差距。面对上述现实问题,显然企业获得持续发展的关键是寻求技术创新,而实现技术创新关键是要实现市场需求导向型创新,要实现市场创新和产品技术创新的有效对接。Burns 和 Stalker 在对创新失败案例的研究中已明确揭露出一些技术创新者忽视用户需要的倾向。在不少情况下,即使厂商似乎遵循能产生良好效益的创新"规律"和"最佳实践"办事,技术和市场的不确定性也会困扰他们的最佳努力(Burns & Stalker, 1961)。甲骨文软件公司亚太区总裁曾指出,他们通过与老客户的沟通,从而了解市场需求并不断调整产品结构,可以省下 6—7 倍的生产成本。而德国著名中小型企业 BREU-ER(保越电机)负责人在谈及创新时指出,他们的成功关键是及时预测用户需求并灵活应变。他们会利用自身技术优势,向市场提供一系列的标准产品,并为用户量身定制生产系统,不断创造新的增长点。"贴近用户需求"成为"德国制造"最大的优势之一。

当前全球经济逐渐呈现出从"工业型经济"向"服务型经济"转型的新趋势,随着我国劳动力成本优势的减弱和西方制造业的回流,我国制造业面临逐步从产业链以制造为中心向以服务为中心转变的严峻课题。2016 年我国工信部、发改委、工信院三部委共同发布《发展服务型制造专项行动指南》,基本确定了中国制造业由生产型制造向服务型制造转型的大方向。"制造业服务化"的内涵是指通过顾客参与,服务要素的投入和供给,最终实现价值链中各利益相关者的价值增值(Vandermerwe & Rada, 1988; White, 1999; Reiskin, 2000)。从价值链微笑曲线来看,制造业服务化可以通过上、中、下游的价值链延伸提升企业的产品附加值。在产业链上游,制造业服务化表现为高效的企业组织、充裕的人力资本和完善的研发创新体系,在产业链中

---

① 渐进式创新通常指企业经常把一些改进程度不高的产品推向市场或创新投入向渐进性创新产品倾斜,而突破式创新指企业经常推出一些创新程度高的产品或创新投入向突破式创新产品倾斜。

游，制造业服务化通过生产业态创新、规模经济、范围经济等促进企业核心竞争力提升，在产业链下游，制造业服务化通过产品差异化策略、物流运输和售后服务等途径，促使企业由传统制造环节向价值链下游延伸（刘斌等，2016）。"制造业服务化"的特点在于：其一，在发挥规模经济的同时更注重范围经济。范围经济主要来源于企业资产的通用性，即信息资产、知识资产、专利、品牌、渠道、客户资源等无形资产具有通用特征，并构成企业竞争新优势的重要来源。其二，企业实现从硬产品向软服务系统生态构建。制造业服务化从生态圈视角重新构造价值链，企业原先以产品为中心转向以用户为中心，C2M、C2F、B2B、F2F 成为主流创新趋势。其三，企业需求逐步转向以消费者为主导的个性化服务体验，即从最初的产品定义到整个制造过程到个性化售后服务消费者都能够参与。消费者逐渐成为产品全生命周期真正的决策者和参与者，私人订制成为消费者公认的服务标准之一。例如，海尔天尊空调由 265 个零配件变为 12 个模块，零件商转型为模块商，从交互、交易到交付的全流程定制可视化，给用户提供实时体验，实时反馈通道，实现服务的个性化响应系统。

而在"制造业服务化"的大趋势下，企业家才能的拓展关系着企业的转型和发展。一方面，企业家在产业链上游需积极寻求产品技术创新。通过顺市场需求导向型的产品创新可以有效把握客户的"痛点"，通过各种符合顾客需求的产品定制服务，实现市场需求和产品创新的有效对接。企业家创新与市场需求的良性互动有利于实现创新的"正反馈"机制，市场绩效的高额利润"反哺"技术创新，不仅可以分摊研发过程中的高成本，而且可以为后续创新提供源源不断的资金保障。另一方面，企业家在产业链下游实现营销模式创新。通过产品售后服务的私人订制满足消费者多样化需求，由于产品并非目的而是传达功能，因此企业家的观念创新变得尤为重要，其视角应从原来的"卖产品"逐渐转向为"卖服务"。对于生产型企业家而言，如何把产品做小，把服务做大成为新形势下企业转型发展的新思路。

第二节 企业家才能配置、市场规模
扩大与动态比较优势增进

　　企业家创新除了包括产业链上游的技术创新之外，还包括产业链下游的市场创新。现实中，企业家的创新或创富行为往往囿于市场规模的局限。而如何突破市场规模的限制，显然是古今中外不少企业家创新求富的路径之一。追溯悠久的中国历史可以发现，在较长的时期内，中国商人的资本经营往往受限于国内市场，商品流通量的增长规模十分缓慢。[①] 近现代中国的大量史实资料表明，"从明到清的300年间，社会商品流通量最多不过是增长了3倍，由此造成商人资本利润积累缓慢，不具备工业革命的资金条件"。[②] "在明代中期以前，官府下令禁海，不允许私人经营对外贸易，只做赔本的'朝贡式'的对外贸易；明中期以后，虽然允许商人资本参与国际贸易，但限制很多，民间海上贸易被禁止"。[③] 明清统治者满足自给自足的自然经济，无视海上贸易，中国商人不但无法开辟和占领国际市场，甚至无法与外国商人进行产品与技术的交流。市场规模的狭小与制度约束抑制了企业家创新及引进技术实现技术革命的可能，导致近现代中国在几百年的时期内始终在经济增长方面裹足不前。而反观近代西方世界，16—17世纪，西欧商人通过海上贸易与海外掠夺拓展市场规模，在迅速敛财的同时不断开辟海外市场，实现资本的原始积累，这为之后的工业革

---

　　① Maddison（1998）在 "*The World Economy: A Millennial Perspective*" 一书中做过估计：中国在公元50年和欧洲的人均GDP基本保持一致，并估计在公元960年和50年中国的人均GDP是相当的；在鼎盛时期的宋朝，这个数值增加了大约1/3；而在公元1280年到1820年的漫长岁月中几乎没有增长。

　　② 转引自张海鹏《徽商研究》，安徽人民出版社1996年版，第443页。

　　③ 张尔升等：《"李约瑟之谜"新解——商人资本的角度》，《社会科学战线》2008年第7期。

命提供了丰富的资金来源①，也为后续资本主义发展铺平了道路。不少学者认为，这是导致近现代中国产生科技落后的"李约瑟之谜"的重要原因之一。② 因此，市场规模的扩大不仅能够为企业家提供更为广阔的市场销路与资金来源，还能够为企业家持续创新提供源源不断的技术来源，并通过扩大再生产进一步实现市场规模的扩大和创新过程的实现。这个过程始终是持续和内生的。本节在上一节基础上，引进市场规模变量，深入探讨企业家的市场创新机制以及对区域创新效率提升的影响机制。

一　企业家才能拓展与市场规模扩大的协同效应

传统的经济增长理论将资本积累作为经济增长的主要推动力（Harrod，1939；Domar，1946；Solow，1956），认为资本深化能够在投资和增长的动态过程中带来劳动生产率的提高。其主要理论假设是完全竞争的市场条件下制造业部门按照规模收益不变的生产技术利用资本。但其将资本概念局限于机器设备等有形资本，并未考虑人力资本、知识资本等无形资本，由于其强调技术进步作为经济的外生变量，因此又被称为外生技术进步。之后，不少学者逐渐认识到人力资本、知识资本等无形资本的作用。谢尔（Shell，1967）在索洛模型的基础上将知识创造定义为"有意识的科学研究创造"。阿罗（Arrow，1962）则提出"干中学"（learning – by – doing），将知识作为资本形成的副产品。罗默（Romer，1986）进一步将 R & D 过程独立于资本，认为"干中学"是经济增长的可能源泉。

格罗斯曼和赫尔普曼（Grossman & Helpman，2003）强调"有意识的产业创新"所引起的技术进步。他们认为，追求利润的企业能够"有意识地"进行知识积累，因此技术进步应该作为内生变量来处理，

---

① 以购买力平价计算，欧洲 GDP 从 1820 年占世界比重的 26.6% 上升到 1890 年的 40.3%，人均 GDP 年均增速从 1700—1820 年的 0.22% 增加至 1820—1952 年的 1.03%。

② 李约瑟提出"为何前现代社会中国科技遥遥领先于其他文明，而在现代中国不再领先"的两难冲突，被称为"李约瑟之谜"。对"李约瑟之谜"的另一种重要解释归因于中国近代科举制的制度缺陷。大量人力资源涌入政府行政部门造成对商人资本的"挤出"。很大程度上可以认为，当时的政府并未重视企业家精神的培育。

从而建立"内生经济增长理论"。内生经济增长理论可以表述为，一个国家或地区的创新是构成其内生比较优势的原因。而在存在国家或地区间的技术外溢的情形下内生性创新有助于解释"动态比较优势"的演进。G—H模型强调需要厘清两方面的关系：一是产出创新与经济增长的关系；二是市场条件与创新速度的关系，其研究焦点集中于"有意识的产业创新"所带来的技术进步（即内生技术进步）。其中，"有意识的产业创新"可以定义为由预期的获利机会导致的对研究活动和其他能够创造信息的活动所进行的资源配置。因此，可以这样理解，内生技术进步所强调的主体是具有商业敏锐和市场直觉的企业家，内生技术进步的实现是企业家"有意识"推动的结果。企业家将"技术作为一种经济商品"，通过降低商品生产成本的过程创新与发明新商品的产品创新（包含提高产品质量的垂直创新与增加产品多样性的水平创新）获得垄断租金，从而进一步降低研发成本，推动内生创新和技术进步的持续实现。

奥地利学派将竞争性市场的动态过程定义为分散知识与信息的发现、利用、创造和传播的过程。在这个动态变化的市场中，创新是推动经济增长与内生技术进步的关键因素。Grossman 和 Helpman（2003）认识到市场规模的扩大对创新可能产生的重要作用。他们认为，市场规模的有效扩大对潜在的创新存在两方面的影响。一方面，在一家企业所占有的市场份额给定的情况下，市场规模的扩大意味着企业能够实现更多的销售量和更多的利润；另一方面，市场规模的扩大意味着企业要面对更多的竞争。由于创新呈现边际报酬递减的特征，随着更多竞争者的加入，创新租金递减程度加快，企业在竞争加剧中需要实现更快的创新来维持生存，因此，内生的创新和技术进步便在更大的市场规模中持续进行。

鲍莫尔（Baumol，1982）提出"可竞争市场理论"，认为潜在进入者的竞争可把市场均衡推向社会福利最优化。即在存在潜在进入压力的情况下，会迫使现存企业无论处在何种市场结构形态下仍能遵循有利于社会福利的定价原则和保持高效率的生产组织。这表明，随着市场规模的有效扩大，更多的潜在创新者追逐创新租金，使创新的垄断租金减小，成本进一步降低。这里的潜在创新者其实就是企业家。企业家在更大的时空范围内实现创新可以从其对市场信息有效处理的角度来看：其一，企业家对市场知识和信息能够有效地挖掘和利用，即能够实现对商机的及时捕捉；其二，企业家在对商机捕捉的过程中创造出新的市场信息，从而使其他企业家面临新的信息环境，从而促使新的商机不断涌现；其三，上述过程使市场信息和知识传播到更广泛的领域。由此，企业家通过对知识与信息发现、利用、创造和传播的过程实现创新，同时这个创新过程随着市场规模的扩大得以持续实现。因此，企业家才能的拓展与市场规模扩大的协同效应是区域创新与经济增长的持续推动力。图 5－1 是企业家才能拓展与市场规模扩大的协同效应对区域创新效率提升的影响途径的逻辑框架图。

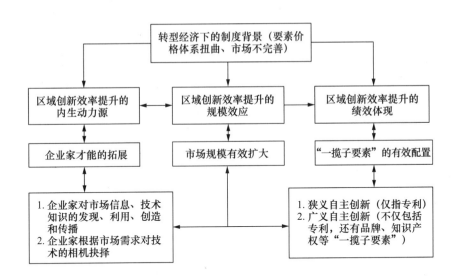

**图 5－1　企业家才能拓展与市场规模扩大的协同
效应对区域创新效率提升的影响途径**

二　纳入市场规模因素后的实证检验

在前文模型的基础上这里进一步纳入市场规模这一因素，考察企业家才能拓展与市场规模扩大的协同效应对区域创新效率提升的影响。样本区间为 2001—2009 年全国 31 个省（区、市）的面板数据，数据来源为各年度的《中国统计年鉴》《中国科技统计年鉴》与《中国知识产权年鉴》。

（一）变量定义

区域创新效率提升的绩效体现。区域创新产出同前文一致，以人均知识产权来表征，即采用人均专利授权数和人均商标申请数的加权平均值来度量，将两者权重各取 0.5 实现加权。即在以专利为表征的狭义自主创新指标之外，再加上以商标为表征的广义自主创新指标，即将企业相应销售渠道控制及品牌构建的品牌创新包括在创新体系之中，从而更好地反映创新与市场需求之间的联系。

（1）市场规模指标。市场规模（Market Size）又可以称为市场容量（Market Extent）。杨格（A. Young，1928）指出，市场容量的概念"不是单纯面积或人口，而是购买力"。即购买力可以定义为人口总数与人均总量需求的乘积，其代表的是全社会的总量需求。本节采用各地区商品零售总额占各地 GDP 的比重来作为市场规模的衡量指标，从而估计已经实现的购买力水平。①

（2）人力资本结构指标。该指标主要包含企业家创新与专业技术人员创新。② 企业家属于异质性创新主体，由于企业家创新尤以民营企业家的积极性与主动性为高，因此仍然以私营企业家丰度作为衡量指称，即各地区每万人口中所拥有私营企业数。专业技术人员是传统意义上的创新主体，以各地区专业技术人员丰度来表征，即各地区每万人口中所拥有专业技术人员数。事实上，企业家是"一揽子要素"的所有者与支配者，企业家通过组织"增加要素投入量"和"提高单位投入量的产出率"两方面来提升区域创新效率，因此企业家创新超越单纯的技术创新。

此外，笔者还在模型设定中考虑将市场化指数中筛选出来的代表区域经济发展程度的人均 GDP 纳入研究模型。同时，将外商直接投

---

① 购买力水平可区分为已经实现的购买力和潜在的购买力。

② 内生技术进步理论在模型构建中仅仅区分熟练劳动力和非熟练劳动力，而并未将熟练劳动力进一步细分为企业家与专业技术人员。

资指标作为区域开放程度的衡量指标，考察开放经济条件下的 FDI 对区域创新的影响程度。具体变量定义见表 5 - 6。在之后的实证过程中将各变量都采用滞后一期处理。

表 5 - 6　　　　　　　　　　　　变量定义

变量	定义	记号
区域创新产出	人均专利授权数与人均商标授予数的加权平均，权重各取 0.5，取对数	lnINNO
市场规模	各地区零售品销售总额/各地区 GDP	MS
企业家丰度	各地区私营企业数/各地区总人口数（万人），取对数	lnE
人均 GDP	各地区 GDP/各地区总人口数（万人）	PGDP
外商直接投资	外商直接投资，取对数	lnFDI
专业技术人员丰度	各地区科技活动人员/各地区总人口数（万人），取对数	lnTECH

（二）回归分析

以区域创新产出作为模型因变量。考虑到创新产出可能存在时间上的"循环累积因果"效应，笔者将创新产出的当前期作为因变量，将创新产出的滞后一期及其他影响创新的因素作为自变量处理。根据 Gurrero 和 Sero（1997），采用滞后期处理的方法同时也控制了模型的内生性问题。

为同时减少异方差给回归结果带来的有偏影响，并便于观察解释变量对被解释变量的弹性大小，对部分原始变量进行了取对数处理。基于上文的研究假设，提出实证分析的基准估计模型为：

$$lnINNO_{it} = \beta_1 lnINNO_{it-1} + \beta_2 MS_{it-1} + \beta_3 lnTECH_{it-1} + \beta_4 lnE_{it-1} \times$$
$$lnFDI_{it-1} + \beta_5 lnE_{it-1} \times PGDP_{it-1} + \alpha_i + \lambda_t + \xi_{it} \qquad (5.5)$$

其中，β_1—β_5 分别表示相应变量的弹性，α_i 和 λ_t 分别表示截面和时间效应，ξ_{it}—$I.I.D（0，\Omega）$是随机扰动项。为检验上文提出的研究假设，考虑将专业技术人员的作用与企业家作用分别采用逐步引入的方式纳入模型分析。延续上节的分析，以下将分别从国家层面和区域层面模型的层层递推来验证考虑市场规模扩大情形下的企业家才能对区域创新绩效的影响。

1. 国家层面的估计结果与分析

首先对面板数据进行模型设定选择。由 Hausman 检验得知，所有的模型都显著拒绝了原假设，因而采用固定效应模型的结果优于随机效应模型，具体结果见表 5 - 7。其中，模型 2 引入专业技术人员的作用。模型 3 在引入专业技术人员作用的基础上进一步引入企业家创新与区域发展变量及开放变量的交叉项。结果显示，创新产出的一阶滞后项与当期项呈正向关系。在模型 1、模型 2、模型 3 中，市场规模与区域创新效率均呈正相关关系。随着变量的逐步引入，市场规模对区域创新产出的影响作用显著放大。值得注意的是，市场规模效应从模型 2 的 2.920 上升到模型 3 的 3.721，并且显著程度进一步增强，这说明了企业家变量的引入进一步拓展了市场规模，并进一步实现了实验室研发成果与市场需求的有效衔接。同时，企业家创新与市场规模的互动影响区域创新绩效的增进，表现为不仅是以专利为表征的创新成果大量涌现，而且区域自主品牌建设能力的相应提升，并且该效应要远高于专业技术人员的创新贡献。

表 5 - 7　　2002—2009 年全国 31 个省（区、市）模型回归结果

因变量（lnINNO)$_t$			
自变量	模型 1 （1）	模型 2 （2）	模型 3 （3）
(lnINNO)$_{t-1}$	2.031 *** (0.0616)	1.949 *** (0.0744)	1.777 *** (0.112)
(MS)$_{t-1}$	2.498 (1.715)	2.920 * (1.719)	3.721 ** (1.830)
(lnTECH)$_{t-1}$		0.600 * (0.312)	0.791 ** (0.387)
(lnE)$_{t-1}$ × (lnFDI)$_{t-1}$			- 0.0580 ** (0.0264)

续表

自变量	因变量（lnINNO）$_t$		
	模型 1 （1）	模型 2 （2）	模型 3 （3）
（lnE）$_{t-1}$ × （PGDP）$_{t-1}$			0.0775 ** （0.0326）
常数项	− 2.097 *** （0.618）	− 8.859 ** （3.574）	− 10.64 ** （4.163）
F 值	563.43 ***	381.55 ***	235.61 ***
Hausman 值	155.39 ***	161.85 ***	212.56 ***
省份固定效应	控制	控制	控制
年份效应	控制	控制	控制
R^2	0.840	0.842	0.847
观测值	248	248	248

注：括号内的数字为标准误差。双尾检验的显著水平 1%、5%、10% 分别由 ***、** 和 * 来表示。

模型 3 中，企业家创新与区域人均 GDP 的交叉项对创新产出的效应显著为正，证明良好的外部经济环境有利于企业家创新。而企业家丰度与地区外商直接投资的交叉项对区域创新产出的弹性值显著为负，证明以 FDI 作为技术引进的主要渠道，并没有显著促进区域创新效率的提升。笔者认为，这个结果是合理的。对于 FDI 与企业家才能的联结效应为负的解释主要有三层含义：其一是外商直接投资的大量引进在很大程度上会对企业家创新形成一定的替代，尤其表现为外商直接投资对本土企业的技术外溢及"示范效应"并不明显。其二是 FDI 作为国际技术外溢的主要形式，其对东道国技术水平提升的作用很大程度上取决于东道国本身的人力资本水平。而企业家既是创新主体，也是技术吸收的媒介和载体。先进技术是否能够在被引进的同时被消化、利用和吸收取决于企业家对引进技术相机抉择的能力，即是否可以选择和本国或本地要素禀赋相匹配同时又具备一定市场潜力和市场份额的适宜技术。其三是 FDI 和企业家才能的交叉项对区域创新产出的负弹性同时表明全国范围内的大部分地区的民营企业在技术吸收和消化利用的能力与效率与国有企业相比还是相对不高的。企业在引进技术方面消化吸收的能力不强的关键原因在于多数企业更为容易消化吸收并利用 "Know What" 等可编码的技术知识，而在诸如 "Know How" 等不可编码或默会形态的技术知识的消化吸收的能力还不够。一个明显存在的现象是不少企业家更愿意利用国外引进的成套技术设备中所内嵌的技术，而在隐性技术、管理知识、文化设计理念存在认知上的不足，因此，"Know How" 这类知识很难得到利用。当前，我国的绝大多数民营企业在引进技术消化吸收的能力方面总体上存在明显不足。由于我国的民营企业家资源主要还是集中在低技术水平、低附加值的劳动密集型行业，如纺织业，产品结构也相对简单。许多企业即使能够创新，也仅仅是停留于模仿创新阶段而并未实现真正的自主创新，产品创新方面的垂直创新和水平创新的能力都不高。此外，民营企业和国有企业在市场准入方面的差异也导致民营企业无法在其自身利润扩大的同时实现研发创新。当前民营企业在高端的服务业、制造业、如电信、金融、研发、基础设施建设、装备制造业等行业依然面临许多有形或无形的行业进入壁垒，典型的有被称为看得见进不去的 "玻璃门" 或进得去被挤出的 "弹簧门" 等。未来民营企业若可以进一步突破行业的市场准入门槛，则可以在更大的市场规模中引发创新的 "鲇鱼效应"，并在一定程度上矫正国有企业普遍存在的 "X—非效率" 现象。

2. 区域层面的估计结果与分析

由于我国地区间经济发展的不平衡性引致地区间创新效率的差异以及进一步比较利益获取的差异，笔者在上述基于全国 31 个省（区、市）实证检验的基础上，进一步将 31 个省（区、市）分为东部、中部和西部进行实证检验。表 5 - 8 是东部地区的实证结果。模型 4、模型 5、模型 6 显示，市场规模与区域创新产出依然呈正相关关系，并且该数值显著高于上表中全国平均的数值。这说明东部地区市场规模效应对创新的影响程度更为显著。可能的解释是，东部地区的经济发

表 5 - 8　　2002—2009 年东部 11 个省（区、市）模型回归结果

自变量	因变量（lnINNO）$_t$		
	模型 4 (4)	模型 5 (5)	模型 6 (6)
（lnINNO）$_{t-1}$	2.036 *** (0.105)	1.938 *** (0.136)	1.727 *** (0.198)
（MS）$_{t-1}$	4.345 (3.819)	4.837 (3.837)	7.543 * (4.068)
（lnTECH）$_{t-1}$		0.798 (0.708)	1.665 * (0.843)
（lnE）$_{t-1}$ × （lnFDI）$_{t-1}$			- 0.214 ** (0.0844)
（lnE）$_{t-1}$ × （PGDP）$_{t-1}$			0.151 ** (0.0663)
常数项	- 4.208 *** (1.459)	- 13.52 (8.387)	- 20.78 ** (9.193)
F 值	197.41 ***	132.50 ***	86.43 ***
Hausman 值	51.86 ***	54.28 ***	32133.98 ***
省份固定效应	控制	控制	控制
年份效应	控制	控制	控制
R^2	0.840	0.843	0.857
观测值	88	88	88

注：括号内的数字为标准误差。双尾检验的显著水平 1%、5%、10% 分别由 ***、** 和 * 来表示。

展程度较高，市场化进程较快，此外东部地区的市场一体化程度较高，因此市场规模较大，其与创新效率的联系也更为显著。值得关注的是，市场规模效应在模型 6 中表现得更为显著，表明企业家创新与市场规模的互动推动创新效率的提升；而在仅仅考虑专业技术人员之时市场规模的正向效应并不十分显著。模型结果中其他系数的符号及其他统计特征均与表 5 - 7 中结果较为接近，而数值较之表 5 - 7 的全

国范围平均水平都有所增大，可见东部地区比全国平均水平中的创新效应更为显著，并且更容易获得高于全国平均水平的市场规模。该结论验证了在我国东部地区，基本实现了 Krugman 所谓的"主市场效应"（Home Market Effect）。

企业家丰度与人均 GDP 交叉项对区域创新的弹性值显著为正，数值上要高于表 5 - 7 中的全国平均水平。这说明东部地区市场化程度与经济发展的总体程度较高，企业家资源较为集中，有利于促成东部地区产业集聚的形成，对当地区域创新的提升作用非常显著。而企业家丰度与 FDI 交叉项对区域创新的弹性值显著为负，并且在数值上要比表 5 - 7 中全国平均水平要低。笔者认为，这个结果是合理的。FDI 对经济的作用呈现"阶段性"的特征。在第一阶段，经济发展程度和开放程度不高，FDI 的技术"溢出"效应要大于"挤出"效应。而在经济相对发展、开放程度相应提高的第二阶段，FDI 发挥的"挤出"效应要大于"溢出"效应。对于先发的东部地区而言，经济明显已经处于第二阶段，因此，"挤出"效应作用更强，经济体面临"中等收入陷阱"等方面的问题相对也较为突出。

此外，笔者还对中西部地区进行了类似的模型检验。结果显示，中西部地区的企业家创新与市场规模扩大的协同对于区域创新效率提升的正向效应与东部地区相比并不显著。该结果表明，中西部地区的市场分割较为严重，企业家资源不够丰裕，进一步抑制了企业家才能激活与拓展的空间，从而影响创新效率的增进及动态比较利益的获取。

第三节　本章小结

企业家创新属于要素重组创新，其中最主要的创新类型是产品的技术创新和销售过程中的市场创新。企业家是区域创新效率提升与动态比较优势获取过程中的核心主体，是"一揽子要素"的配置主体。企业家在市场信息不完全的情形下及时发现市场需求的信息，同时把握好研发成果与市场需求变化的吻合程度与技术水平与生产成本之间的平衡，实现顺应市场需求导向的创新。

本章首先探讨企业家的产品创新。将企业家才能纳入区域创新效率提升的分析框架中，构建了包含企业家才能的新的知识生产函数。研究结果表明，自主创新程度较高的地区，企业家资源也较为丰富，并且企业家才能对于区域创新绩效提升的作用要远高于专业技术人员发挥的作用。企业家在研发风险与市场需求中"动态"地寻找平衡点，并可在成本约束的条件下主动地做出判断，从而能实现技术创新与要素整合创新的良性互动。此外，企业家创新不仅带动了以专利为表征的狭义自主创新，还带动了以品牌与自主知识产权为表征的广义自主创新，从而促进区域创新整体效率的提升。

其次关注企业家创新的另一维度——市场创新。笔者以社会零售品销售总额来表征已经实现的购买力水平，从而形成对市场规模的有效衡量。通过阐述市场规模的有效扩大对企业家才能拓展与区域创新绩效的作用，并基于全国层面与区域层面的省级面板数据进行实证检验表明，企业家创新与市场规模扩大的协同效应能促进区域创新效率的提升与比较优势的增进。此外，东部地区企业家创新与市场规模的协同效应要高于全国平均水平，说明东部地区的企业家创新效率较高，且市场一体化程度较高，导致区域创新绩效的提升较为显著。

上述研究表明，区域创新效率的增进需要在加大研发资本投入的同时进一步加快人力资本的培育，尤其是企业家人力资本的培育。鼓励企业家实现"顺市场导向"研发的同时进一步强化品牌意识，实现要素整合的创新。进一步加深产学研合作程度，实现人才的柔性流动，以形成内生型激励相容的利益机制为纽带，使实验室发明和技术的商业应用实现有效过渡，为企业家才能的拓展提供一个技术与市场连接的平台。鼓励企业家通过并购、收购专利、委托研发等方式选择企业技术创新的路径。企业家的产品技术创新通过结合市场需求，有效实现研发的先进程度与研发成本的平衡和优化，能有效降低企业的研发风险，并使创新产品具备稳定的市场规模和市场潜力。

上述研究表明，合理利用和开拓市场需求依然是企业可持续发展的关键。笔者认为，当前中国国内市场规模的有效扩大主要来源于两方面的努力：其一，应通过"走出去"战略，即 OFDI（Outward Foreign Direct Investment，OFDI）积极开拓国际市场。中央在对我国 30 多年的改革开放的重要经验总结中强调："必须提高统筹利用国际国内两个市场两种资源的能力。"不少企业尤其是民营企业通过对外直接投资，逐渐从最初的简单产品"走出去"发展为目前的"一揽子要素""走出去"，从而赋予比较优势的动态演进以新的理论内涵。这种基于 OFDI 基础上形成的新的比较优势使国内企业可在获取国内低廉劳动力成本优势的同时获取海外市场销售渠道和更廉价原料采购渠道，从而实现国内国外两种优势的互补和协同。其二，借力电子商务发展，积极开拓网上营销资源，实现营销模式的线上线下共同发展也是市场规模有效扩大的重要路径。随着移动互联网、大数据、云计算的广泛普及与应用，企业原有的商业模式和营销模式也发生了重大变革。通过互联网和物联网的结合，企业逐渐形成"大数据＋互联网＋细分市场"的经营模式，能够更好地开拓客户和服务客户，形成市场竞争优势。

由此，企业家通过 OFDI 和电子商务发展在更宽广的时空领域内释放和拓展企业家才能，利用国内国外市场，线上线下市场的良性互动实现资源的优化配置。企业家通过要素配置优化，进一步促进社会分工的深化与市场规模的扩大，获取"创新溢价"和垄断租金。通过企业家要素重塑创新释放巨大的市场潜能，两者的有效协同可促进地区生产技术前沿的有效推进与动态比较利益的持续实现。

第六章 企业家才能配置、分工深化与动态比较优势增进

前文从企业家促进全要素生产率提升和推进生产技术前沿的角度来论证企业家才能配置对动态比较优势增进的影响程度。本章则重点论述企业家才能配置、分工深化与动态比较优势增进的内在联系。亚当·斯密提出的以分工深化为主要途径的比较优势理论，具有动态和内生的理论内涵。随着社会分工的深化，市场规模有效扩大，因此市场规模的变化指标可用来测度社会分工深化与比较优势增进的状态。笔者首先采用人力资本的尼尔森—菲尔普斯作用机制和卢卡斯作用机制，将企业家人力资本纳入两类不同生产函数的分析框架，通过随机前沿生产函数模型和C—D生产函数模型来论证企业家人力资本拓展对比较优势增进的影响。研究发现，企业家人力资本的拓展可推动市场规模的显著扩大，而后者又能促进前者的进一步拓展，两者的良性互动有利于中国实现比较优势的动态内生性增进。由于内生比较优势依赖于人力资本的"干中学"效应。然后，笔者进一步拓展本哈毕和斯皮尔格的人力资本理论，比较一般人力资本和企业家人力资本两类人力资本如何通过本土创新与技术扩散的共同作用来持续影响生产率增长水平。实证研究表明，企业家人力资本的本土创新效应和技术扩散效应都要高于一般人力资本。企业家人力资本的时空配置及技术扩散的梯度转移有利于促使分工进一步深化与动态比较优势的效率增进。

第一节 企业家才能配置与基于分工
深化的比较优势理论

对于中国而言，只有在相关比较优势理论的指导下，更好地发挥自身的比较优势，才能迎接国际市场上严峻的挑战。从具体的国情出发，中国需要关注的比较优势理论必须具有动态与内生的特征。因为中国是转型中的发展中国家，在制度变迁的背景下，要素禀赋结构正迅速地变化。那些具有静态特征的比较优势理论，如李嘉图的比较成本理论、赫克歇尔—俄林的资源禀赋理论等对中国的指导意义都不显著。若照搬静态比较优势理论，极易使中国的经济发展停滞在过度依赖廉价劳动力和自然资源的阶段，从而落入以"低端锁定"为特征的"比较利益陷阱"。要避免这一不利局面的发生，更好地参与国际分工，中国需要高度关注亚当·斯密提出的具有动态、内生性特征的比较优势理论。

亚当·斯密在《国富论》中，揭示了这样一种机制，即成千上万处于微观层次的经济主体，为了追求自己的利益，独立、分散地进行决策和行动能在市场的引导下不自觉地促进宏观层次上社会总体利益的增进。这一被称为"看不见之手"的机制得以实现的基本途径可以概括为"分工→交易→社会福利增进"。显而易见，这一途径包含以下内涵：①社会经济主体按扬长避短（即比较优势）的原则参与分工，由此形成了社会经济效率的源泉。遵循比较优势的发展战略，要素禀赋结构的升级和资本积累的速度不会更慢而会更快。②这里的"扬长避短"中的"长"既包含了先天性的禀赋优势，又包含了后天性的获得优势。尤其后者对于转型与发展中的我国具有特殊意义。③整个社会经济微观层次的主体与宏观层次的社会在利益上是激励相容的。其激励结构具有内生性，故可反映中长期的发展趋势。④随着社会经济的发展，人们的分工越来越细、越来越专，而人们得以交换各自所需的市场则会越来越大，社会分工能不断深化并可持续，这就意味着经济的市场化与全球化存在内在的逻辑联系。对于中国而言，该理论既可解释国内经济，又可解释国际经济。

上述以分工深化为主要途径的比较优势理论，虽然具有动态和内生的特征，但要在真实世界中转化为现实的比较利益，还需厘清相关传导机制中的"转化"主体。无疑，企业家是实现上述"转化"的关键主体。在现有的经济理论研究中，人力资本对于社会经济发展的重要性毋庸置疑。但在对其定量分析中，却往往受限于"平均受教育年限"等指标。然而，企业家才能是一类特殊的人力资本，与一般的专业技术人员所拥有的人力资本相比，其特殊性表现在以下四个方面的差异。①激励结构差异。前者面临的是不确定的市场竞争与风险，其努力的目标是获取"经济剩余"的最大化，后者面临的是相对确定的薪酬。②拥有的知识结构差异。前者通常拥有"know how"为主的知识，后者往往拥有"know what"为主的知识。③支配要素的状况差异。前者支配的通常是"一揽子要素"，后者支配的往往是单项要素。④"才能"形成的途径差异。前者主要通过"干中学"增长其才能，国家与社会一般未在其形成过程中有大量财力投入①，后者往往通过教育与培训获得才能，国家与社会一般对此做了大量投入。这些差异性表明企业家人力资本在中国的经济发展中具有特殊的重要性。仅仅以这类人力资本具有主动属性这一点难以涵盖其潜在的广阔的拓展前景。应该指出，企业家人力资本的拓展之所以往往被低估，可有以下原因：其一，我国尚处于市场经济的早期阶段，社会经济主体的创业无论在广度和深度上都还有巨大的空间；其二，社会激励机制还远未完善；其三，"干中学"受到行业与地区进入壁垒的阻隔；其四，受限于计量手段的缺乏未能对以"know how"为主的知识结构

---

① 波特所著《国家竞争优势》（华夏出版社 2001 年版）第72—73 页将生产要素分为初级生产要素和高级生产要素，其中工程师等高等教育人力被列入高级生产要素。波特将社会是否投入财力、物力作为初高级生产要素的划分依据，故未将企业家要素列入其中。笔者尝试在这一点上突破波特对生产要素划分的窠臼。

作较好的测度，因此对企业家人力资本的评估必须另辟蹊径。①

自从亚当·斯密提出上述比较优势理论，两百多年来一直熠熠生辉，为学术界所推崇。但由于对以分工深化为标志的内生性比较优势增进难以测度而构成的计量障碍影响了对这一重要理论的研究深入，化解这一障碍的思路可由分工深化所导致的市场规模扩大切入，用市场规模的变化来测度社会分工的状态。杨格（A. Young，1928）将市场规模与分工程度相互联系，并认为"市场规模不是单纯的面积或人口，而是购买力"。由于购买力水平与生产函数中的产出变量的变动方向是一致的，这就给我们以下启示，即可用人均 GDP、人均可支配收入等其他可得数据来估计市场规模，再由市场规模的扩大来估计社会分工深化的程度与比较优势动态内生性增进的状况。同时，通过将企业家要素纳入生产函数的框架中就可以定量研究企业家人力资本拓展对比较优势增进的影响。由此可拓展比较优势理论的内涵，增强其现实解释力。② 图 6 - 1 是本节的逻辑框架。

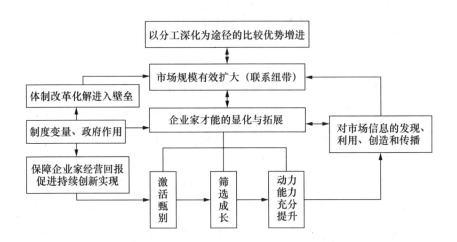

图 6 - 1 企业家才能拓展与社会分工深化为途径的比较优势增进的逻辑框架

---

① 张小蒂、姚瑶：《企业家人力资本拓展对比较优势增进的影响研究》，《浙江大学学报》（人文社会科学版）2012 年第 6 期。

② 同上。

一 基于尼尔森—菲尔普斯机制的实证检验

尼尔森—菲尔普斯（Nelson & Phelps, 1966）认为，人力资本往往通过国际贸易或投资中的技术扩散作用来影响全要素生产率，因此其对经济增长的影响作用是间接的。企业家在指导企业生产经营的过程中，往往通过对国外先进技术先引进以及后续的消化、吸收和利用的过程来逐步实现创新。在消化吸收先进技术的过程中，企业家能够根据相对价格的变化调整产品结构，实现产品创新与商务流程的再造。因此，企业家人力资本的拓展在推动企业自身经营绩效改善的同时促进地区经济的发展与技术进步，从而促进整个技术前沿面的推进。由此，笔者在这里的模型构建中将企业家人力资本作为社会分工深化与比较优势动态演进的重要影响因素来加以考虑。在模型构建中，采用随机前沿生产函数的分析方法，以技术效率进步为方向的市场规模扩大作为途径，不仅考虑一般人力资本与物质资本等传统生产要素，尤其考虑将企业家人力资本及其他影响因素纳入分析框架中从而验证企业家人力资本拓展对以技术效率进步为方向的市场规模扩大及比较优势增进的影响程度。

（一）随机前沿模型的方法介绍及基本模型设定

Solow（1957）的传统生产函数法假定"技术充分有效"，而Farrell（1957）则认为，大部分生产者的"技术是无效率的"，由此提出"技术效率"（Technique Efficiency）的概念，即技术效率是以"生产能力是否达到生产可能性边界"作为参考的。技术效率的核算方式主要分为两种，一是非参数的DEA方法，二是随机前沿方法（Stochastic Frontier Analysis, SFA）。DEA方法主要是基于投入和产出指标的分析，由于无法衡量随机误差对地区个体效率的影响而存在一定的局限性，而SFA方法的特点在于把无效率项和随机误差项相分离，使对无效率程度的估计较为准确，同时还能突破DEA方法在对个体效率估算上存在的局限。Aigner、Lovell和Schmidt（1977）、Battese和Coelli（1995）把生产无效率（未达到生产可能性边界）进一步归结为受随机扰动和技术无效率两个因素影响。将模型设定为：

$$y_i = x_i\beta + (v_i - u_i) \tag{6.1}$$

即将误差项 ε_i 视为复合结构，将其分解为第一部分 v_i 表示观测误差和其他随机因素影响（随机扰动影响），第二部分 u_i 表示个体受到的影响（技术非效率影响）。

根据上述随机生产函数的构建原理，基于对数 C—D 函数进一步估计影响市场规模的主要因素，样本数据为全国 23 个省（区、市）1999—2010 年的面板数据。① 考虑到一定时期内，影响市场规模的因素随时间变动的幅度不大，故采用时不变模型来估算。基本模型如下：

$$\ln(y_{it}) = \beta_0 + \beta_1 \times \ln(K_{it}) + \beta_2 \times \ln(H_{it}) + (v_{it} - u_{it}) \qquad (6.2)$$

其中，v_{it} 服从 $N(0, \sigma_v^2)$，表示随机扰动的影响，u_{it} 为技术效率项，服从正态截断分布 (u, σ_u^2)，表示对个体冲击的影响。v_{it} 和 u_{it} 相互独立。

$$TE_{it} = \exp(-u_{it}) \qquad (6.3)$$

为技术效率水平，表示由于生产无效率造成的实际产出与最大产出之间的距离，TE_{it} 介于 0 与 1 之间，当 $TE_{it} = 1$ 时表示落在生产可能性边界上，即技术有效，否则表示技术无效。

$$\gamma = \frac{\sigma^2}{\sigma_v^2 + \sigma_u^2} \qquad (6.4)$$

为方差参数，用来检验复合扰动项中技术无效率所占比例。γ 介于 0 和 1 之间，若 $\gamma = 0$ 则表示实际产出与最大产出之间的距离来自不可控制的纯随机因素，此时模型直接采用 OLS 方法来估计即可；反之则采用 SFA 估计。

这里对模型设定中的因变量做进一步解释。因变量 Y 为地区市场规模指标，以购买力来衡量。一般文献往往采用 GDP 来衡量一个地区市场规模的大小，而由于采用 GDP 来核算地区内最终生产和服务的价值，容易产生估计上的"漏出"或"盈余"，并且无法反映要素在本区域以外处取得的报酬，因此可采用收入、财富等购买力指标来

---

① 将数据中的奇异点删除后的样本为 23 个省（区、市），即删除广西、贵州、甘肃、青海、宁夏和新疆六省（区）。

实现对 GDP 指标的替代或补充。事实上，传统的凯恩斯的消费函数将消费作为收入的线性函数，而莫迪利安尼在凯恩斯消费理论的基础上构建了生命周期假说，把财产作为影响消费的重要因素引入消费函数，是对凯恩斯简单消费函数的一大改进。而这一改进增强了消费函数对现实的解释力，并部分消除了凯恩斯简单消费函数中的误差。①而弗里德曼进一步考察理性预期的作用，提出持久收入假说，认为财产收入应该是持久性收入而非暂时性收入。一般意义上，居民可支配收入、居民消费支出等可作为具有流量性质的收入估计指标，而居民储蓄总额等可作为具有存量性质的财富估计指标。其中，以实际居民可支配收入作为具有流量性质的收入指标，以实际储蓄总额作为具有存量性质的财富指标②来反映地区市场规模的大小或是潜在购买力水平。实际居民可支配收入采用城镇居民可支配收入和农村居民可支配收入的加权平均，权重为城镇居民与农村居民的人口比例，采用各地区非农业人口与农业人口的比例来替代。以生产函数的视角来看，影响社会分工深化，市场规模扩大及比较优势获取的主要因素包括资本投入和劳动投入。这里以永续盘存法来估计资本存量，以年末总就业人口来估计劳动投入。③

　　而除了资本投入和劳动投入之外，还应包含其他外生变量的影响。由于尼尔森—菲尔普斯模型中强调技术扩散的作用，因此，这里以外商直接投资 FDI 作为开放经济中影响技术扩散的主要渠道。而企业家作为"一揽子要素"的支配者，是技术扩散的媒介，同时影响全要素生产率的提升与技术效率进步的实现。此外，Fleisher（2010）认为，资本形成率也会影响全要素生产率与效率进步，因此将资本形成率 CAP 纳入分析框架。从而构建以下技术非效率函数：

---

① 莫迪利安尼消费函数的基本模型为：$C = \alpha \times WR + c \times YL$，其中 WR 为财产收入，α 为财产收入的边际消费倾向，YL 为劳动收入，c 为劳动收入的边际消费倾向。

② "实际"与"名义"相对，即在具体核算过程中将各项产出指标以 1978 年为基期，采用 CPI 指数进行平减。

③ 永续盘存法的具体核算方式参考张军、章元（2003），即 $K_t = (1 - \delta) K_{t-1} + I_t / P_t$，其中 K_t 代表年末实际资本存量，I_t 为当年名义资本投资，P_t 为固定资产投资价格指数，δ 为固定资产折旧率，定为 5%，基期为 1978 年。

$$u_{it} = \delta_0 + \delta_1 \times E + \delta_2 \times CAP + \delta_3 \times FDI + w_{it}^{①} \qquad (6.5)$$

表 6 – 1 为随机前沿模型中涉及的主要变量定义。表 6 – 2 为考虑市场规模的其他影响因素的随机前沿生产模型的极大似然统计结果。

表 6 – 1　　　　　　　　　　　　变量定义

变量	符号	定义
市场规模	Y	以收入指标和财富指标来估计
		其中收入指标以实际居民可支配收入估计，财富指标以实际储蓄总额估计
资本投入	K	资本存量，采用永续盘存法估计
劳动投入	L	以地区年末总就业人口来估计
企业家人力资本	E	以民营企业家丰度来估计，以该地区万人拥有的民营企业数量来估计
资本形成率	CAP	以资本形成总额占 GDP 比重估计
外商直接投资比率	FDI	以外商直接投资占 GDP 比重估计

表 6 – 2　　　　　考虑市场规模影响因素的随机前沿
生产模型的极大似然估计结果

	收入指标		财富指标	
	lnINCOME		lnFORTUNE	
	模型（1）		模型（2）	
前沿函数估计				
常数项	– 4.288 ***	（0.363）	– 3.307 ***	（0.634）
lnK	0.562 ***	（0.018）	0.801 ***	（0.233）
lnL	0.776 ***	（0.108）	0.544 ***	（0.122）
市场规模影响因素估计				
E	– 0.00126 ***	（0.0002）	– 0.00155 ***	（0.0003）

---

① 式（6.5）等价于：$u_{it} = -\ln TE_{it}$。

续表

	收入指标		财富指标	
	lnINCOME		lnFORTUNE	
	模型（1）		模型（2）	
市场规模影响因素估计				
CAP	− 0. 391 ***	（0. 123）	− 0. 516 ***	（0. 158）
FDI	− 4. 919 ***	（0. 481）	− 3. 617 ***	（0. 621）
常数项	1. 061 ***	（0. 062）	1. 018 ***	（0. 081）
σ^2	0. 085	（0. 046）	0. 144	（0. 074）
γ	0. 936	（0. 037）	0. 910	（0. 049）
LR test error	269. 780 ***		156. 633 ***	
时期数	12		12	
横截面数	23		23	
观测数	276		276	

注：①＊＊＊、＊＊、＊分别表示在1％、5％和10％的水平上显著，括号内为标准误差。
②LR 为似然比检验统计量。
③市场规模影响因素估计中由于因变量技术效率为负，因此变量的系数为负表示其对技术效率具有正向影响。

（二）随机前沿模型结果分析

从表6－2模型的整体估计结果来看，资本投入和劳动投入对市场规模的扩大存在明显正效应，产出弹性在收入指标模型中分别为0.562和0.776，在财富指标模型中分别为0.801和0.544。方差参数 γ 值在收入指标模型和财富指标模型中分别为0.936和0.910，表明在 SFA 估计的误差中分别有93.6％和91.0％来自技术非效率，即采用 SFA 模型是较为合理的，意味着影响市场规模扩大的因素应该除了资本投入和劳动投入以外还包括其他影响因素。

笔者在模型后续的效率影响因素估计中继续纳入其他变量，诸如企业家人力资本、资本形成率、外商直接投资比率 FDI 等因素，从而进一步验证对市场规模扩大的影响程度。从纳入其他变量的效率影响因素模型的估计结果中可以看到，企业家人力资本、资本形成率、FDI 的系数值均为负，并且显著性很高。由于市场规模影响估计中的因变量技术效率为负值，因此上述变量的系数值显著为负表明其对技术效率构成正向影响。从模型（1）和模型（2）的结果比较来看，财富指标模型中各项变量的系数值的绝对值均高于收入指标模型。此外，企业家人力资本对以财富指标来估计的市场规模影响的边际作用明显高于以收入指标来估计的相应数值，并且统计意义显著。表明企业家人力资本作为技术扩散的媒介，其才能的发挥影响以效率进步为方向的市场规模扩大，表现为收入和财富的同时提升。由于企业家才能是转型经济条件下的中国所存在的特殊人力资本，因此将企业家人力资本纳入分析框架一定程度上拓展了尼尔森—菲尔普斯的人力资本作用机制的适用范围。

从表 6-2 市场规模的影响因素估计模型还可以看到，同时影响经济增长及市场规模扩大的因素除了企业家人力资本之外，还有资本形成率的提高、FDI 的引进等因素。资本形成率的提高有利于收入和财富的增进，这个结果是明显的。当前各地资本投入数量可观，大多投向基础设施，具有较强的外部经济性，但资本的投资效率依然有待提高。资本流动的合理引导与资本配置的优化直接影响市场规模的扩大及比较优势的增进。开放经济条件下的 FDI 的引入有利于收入和财富的增进。这表明尼尔森—菲尔普斯理论同样适用于转型经济，即 FDI 作为国外先进技术传导和扩散的渠道在中国是现实存在的。

（三）模型稳健性检验

由于转型时期的地方政府往往需要在信息、协调和促进分工深化方面发挥比"守夜人"更为积极的作用，因此在上述模型基础上，加入政府财政支出比率变量 GOV（政府财政支出总额占当地 GDP 比率），同时将上述模型样本容量扩展到全国 29 个省（区、市）层面来分析，发现可以达到模型总体显著和各个变量统计意义显著的结果。结果如表 6-3 所示。

表 6 – 3　　　　　　考虑市场规模影响因素的随机前沿
生产模型的极大似然估计结果

变量	收入指标		财富指标	
前沿函数估计				
常数项	− 3.231 ***	(0.496)	− 3.205 ***	(0.497)
lnK	0.562 ***	(0.017)	0.819 ***	(0.019)
lnL	0.706 ***	(0.100)	0.503 ***	(0.094)
创富效率影响因素估计				
E	− 0.000984 ***	(0.0002)	− 0.00134 ***	(0.0003)
CAP	− 0.383 ***	(0.1000)	− 0.465 ***	(0.147)
GOV	− 0.453 **	(0.183)	− 0.724 ***	(0.268)
FDI	− 4.044 ***	(0.420)	− 3.463 ***	(0.616)
常数项	0.956 ***	(0.046)	1.027 ***	(0.067)
σ^2	0.062	(0.034)	0.151	(0.074)
γ	0.916	(0.049)	0.919	(0.042)
LR test error	350.706 ***		208.797 ***	
时期数	12		12	
横截面数	29		29	
观测数	348		348	

注：① *** 、 ** 、 * 分别表示在1%、5%和10%的水平上显著，括号内为标准误差。

②LR 为似然比检验统计量。

③市场规模影响因素估计中由于因变量技术效率为负，因此变量的系数为负表示其对技术效率具有正向影响。

从表6–3结果还可以看到，政府财政支出比率的增加有利于收入和财富的双重提升。地方政府能够提供较好的公共品，一方面，政府能够通过收集、处理关于地区比较优势及其变化的产业与技术、新产品的市场潜力等方面发挥积极作用；另一方面，地方政府作为"支持之手"（helping hand）①，通过优惠补贴、支持性贷款等方式补偿企业进行产业和技术创新面临的外部性，增加外部经济，提升企业经营活动的社会收益率。此外，地方政府为企业本地创富及市场拓展提供良好的制度环境和产权保障，有利于企业家人力资本的进一步激活与显化。由于加入政府财政支出变量后，企业家人力资本的变量数值比起先前表 6 - 2 中数值有所减小。一个可能的解释是地方政府虽然能够提供较好的公共品，包括提供信贷优惠、政策支持与较好的制度环境，然而过多的政府干预也可能造成 X—非效率，对市场机制的自动筛选机制造成一定的干扰，从而影响企业家人力资本的发挥。因此，地方政府不能成为理论比较优势转化为现实比较利益中的"转化主体"。

二　基于卢卡斯机制的实证分析

与尼尔森—菲尔普斯人力资本的"间接"作用机制不同的是，卢卡斯（Lucas，1988）基于新古典增长理论的人力资本作用机制表现得更为"直接"。卢卡斯将人力资本的积累分为"内部效应"和"外部效应"两种方式。其中，"内部效应"指通过正规或非正规教育形成和积累的人力资本，"外部效应"则指通过"干中学"等方式进行的经验积累使生产要素实现规模报酬递增的效应。由于人力资本的"内部效应"是在给定的技术条件下实现的，因此其所形成的人力资本积累只会影响生产个体生产率的提高，并不会对社会总体的生产率构成影响。而卢卡斯实际上要强调的是人力资本的"外部效应"，即只有通过"干中学"机制的发挥，人力资本的积累才会影响人与人之间生产与交换的过程，从而影响社会总体的经济发展绩效。

在开放经济条件下，人力资本"干中学"机制的发挥意味着各国能够专业化生产其具有比较优势的产品，在专业化的生产实践中，生产技术得以提高，生产经验得以增进，从而人力资本获得了累积。而

---

① Shleifer 和 Vishny（1998）认为，由于不同国家的制度差异，其政府干预作用大体上可分为"支持之手""看不见的手"和"掠夺之手"三种。而 Blanchard 和 Shleifer（2000）在比较中国和俄罗斯转型过程中的政府作用后认为，中国的地方政府对经济推动作用较大，起到"支持之手"的作用，并提出地方政府"中国式联邦主义"的积极作用。

随着持续的专业化生产中"干中学"的学习动力的不断下降与各地需求结构的不断转换，各地的生产模式和生产率也发生转变，因此一国必须通过"创新"创造出"后天的"比较优势，才能实现本国经济的持续增长。

卢卡斯强调通过人力资本的"外部效应"来实现的人力资本积累是宏观经济的"微观基础"。随着经济发展的动态变化，"外部效应"又意味着不断地创新，进而影响贸易模式的形成与比较利益的持续实现。整个过程中，人力资本始终作为生产实践中的"直接"投入要素而被纳入生产函数的分析框架。而在转型条件下的中国，企业家人力资本是一类特殊生产要素。企业家创新不同于一般专业技术人员的创新，企业家不仅能够指导企业内部实现产品创新与管理创新，还能够通过要素的优化配置实现新的营销方式的创新和新市场的拓展。因此，笔者将企业家人力资本与一般专业技术人员所体现的人力资本相分离，并将其作为特殊生产要素"直接"纳入生产函数的分析框架中，从而估计并揭示其对比较优势增进绩效的影响程度。基本模型构建如下：

$$\ln Y_{it} = \ln A + \alpha \ln K_{it} + \beta \ln H_{it} + \gamma \ln E_{it} + u \tag{6.6}$$

模型设定中的因变量是市场规模，即作为潜在购买力的衡量指标。这里以 GDP 和可支配收入作为具有流量性质的收入估计指标，以储蓄总额作为具有存量性质的财富估计指标。而采用可支配收入和储蓄总额作为 GDP 指标的补充，可以更好地反映市场规模的大小与分工深化的程度。K 作为物质资本存量，估计方法与前文一致。而一般专业技术人员所体现的人力资本仍然可以用受教育程度来衡量，以该地区人力资本存量 H 来表示，采用平均受教育年限与地区就业总人口的乘积来估计。其中，平均受教育年限的计算方式采用 Wang 和陈钊的方法，将受教育水平简单分为小学 H_{1t}、初中 H_{2t}、高中（包括中专）H_{3t} 和大学（包括大专及研究生以上）H_{4t}，则第 t 年的平均受教育年限 H_t 可表示为：$H_t = (6H_{1t} + 9H_{2t} + 12H_{3t} + 16H_{4t})/pop_t$，$pop_t$ 为年末总人口数，H_{it}/pop_t 表示受教育程度的人口占总人口的比例。E 代表企业家人力资本。数据样本为全国 29 个省（区、市）1999—

2010 年的面板数据，其中西藏地区由于统计数据的部分不足而从样本中剔除，重庆地区纳入四川范围内考虑。模型估计结果见表 6 - 4。

表 6 - 4　　全国 29 个省（区、市）的面板 OLS 统计结果

变量	收入指标				财富指标	
	lnGDP		lnINCOME		lnFORTUNE	
	模型（3）	模型（4）	模型（5）	模型（6）	模型（7）	模型（8）
lnK	0.829 ***	0.700 ***	0.524 ***	0.413 ***	0.770 ***	0.395 ***
	(0.013)	(0.029)	(0.011)	(0.026)	(0.017)	(0.033)
lnH	0.438 ***	0.508 ***	0.633 ***	0.701 ***	0.535 ***	0.741 ***
	(0.036)	(0.038)	(0.030)	(0.033)	(0.051)	(0.047)
lnE		0.108 ***		0.0920 ***		0.313 ***
		(0.022)		(0.019)		(0.026)
常数项	- 3.846 ***	- 3.855 ***	- 4.233 ***	- 4.301 ***	- 4.678 ***	- 4.716 ***
	(0.280)	(0.269)	(0.234)	(0.229)	(0.396)	(0.353)
R^2 值	0.9674	0.9675	0.969	0.970	0.925	0.944
观测值	348	348	348	348	348	348

注：① *** 、 ** 、 * 分别表示在 1%、5% 和 10% 的水平上显著，括号内为标准误差。
②模型（3）、模型（5）、模型（7）未考虑企业家人力资本，模型（4）、模型（6）、模型（8）考虑了企业家人力资本。

表 6 - 4 结果显示，物质资本和一般专业技术人员所体现的人力资本促进了地区经济的增长，表现为以收入和财富指标来估计的市场规模的扩大。而将企业家人力资本指标纳入后，变量本身统计意义非常显著，并且模型的总体拟合度得到增强。这表明，通过企业家"干中学"机制的发挥，企业家人力资本得到累积，企业家人力资本的拓展促进了本地的经济增长及市场规模的扩大。由于市场规模可以用购买力水平来估计，而财富指标既包括即期购买力水平，又包括中长期的潜在购买力水平。研究结果也显示，企业家人力资本对于财富水平的影响程度要显著高于对收入水平的影响程度。这表明，具有存量性质的财富指标作为对具有流量性质的收入指标的替代可以在一定程度

上矫正对地区财富积累与市场规模的估计误差，从而增强这一研究的现实解释力。

第二节　基于地区发展路径差异的比较分析

由于我国的东部沿海地区在以市场化为标志的制度变迁中处于全国前列，企业家资源较为集中，企业家人力资本的发挥也更为显著，笔者对 2010 年的企业家丰度与区域经济发展指标做斯皮尔曼等级相关系数估计的统计结果，结果如表 6－5 所示。

表 6－5　　企业家丰度与区际经济发展指标的斯皮尔曼等级相关系数 （2010 年）

地区	人均 GDP	人均 人民币储蓄	人均城镇 可支配收入	城乡人均 收入比	人均 A 股 市值	市场化 指数
东部 11 个 省（区、市）	0.791 **	0.718 *	0.882 **	－ 0.445	0.655 *	0.691 *
全国 31 个 省（区、市）	0.667 **	0.598 **	0.838 **	－ 0.679 **	0.504 **	0.659 **

注：**、* 分别表示在置信度 （双侧） 为 0.01、0.05 时，相关性是显著的。

资料来源：各年度《中国统计年鉴》与地区统计年鉴。

从表 6－5 结果可以看到，企业家丰度与地区经济发展程度的各项指标的斯皮尔曼相关系数统计结果均表现显著。其中，人均人民币 GDP、人均储蓄、人均城镇可支配收入、人均 A 股市值均与企业家丰度呈正相关。而城乡人均收入比和企业家丰度呈负相关，表明企业家人力资本的发挥有利于城乡收入差距的进一步缩小。市场化指数与企业家丰度也呈正相关，表明市场制度的完善有利于企业家人力资本的进一步发挥。结果同时表明，东部地区的各项相关系数基本上要高于全国平均水平，说明东部地区的企业家资源丰富，对地区经济的提升作用也较为显著。而在东部沿海地区中，尤其以苏、浙、粤三省的企业家资源最为丰富。表6-6是2006—2010年苏、浙、粤地区企业家丰度及进出口及外商直接投资总额的描述性统计指标及各项指标在省（区、市）层面上的综合平均排名。

表6-6　　　　2006—2010年苏、浙、粤地区企业家丰度
与外向型程度的描述性统计指标

年份	企业家丰度（万人）			进出口贸易（亿美元）			外商直接投资（亿美元）		
	苏	浙	粤	苏	浙	粤	苏	浙	粤
2006	79.3	81.6	59.3	2839.8	1391.4	5272.0	174.3	88.9	145.1
2007	88.6	88.9	65.9	3494.7	1768.5	6341.9	218.9	103.7	171.3
2008	106.3	101.1	76.7	3922.7	2111.3	6849.7	251.2	100.7	191.7
2009	118.0	109.4	84.4	3387.4	1877.3	6110.9	253.2	99.4	195.4
2010	133.1	117.3	90.8	4657.9	2534.7	7846.6	285.0	110.0	202.6
排名	1.4	1.6	3.2	2	3	1	1	4.2	2.2

注：排名为2006—2010年内扣除直辖市后的省区综合平均排名，数值越小则表明排名越靠前。

资料来源：各年度《中国统计年鉴》与地区统计年鉴。

表6-7为1999—2010年东部11个省（区、市）及苏、浙、粤三省企业家人力资本指标与市场规模扩大的回归结果。市场规模大小以人均GDP、人均人民币储蓄、人均可支配收入与人均居民消费支出四项指标来衡量。四个模型回归都是以东部11个省（区、市）以及苏、浙、粤三省的梯度扩散来呈现。从结果可以看出，苏、浙、粤地区的企业家丰度值对各项市场规模的弹性值大小都要显著高于东部11个省（区、市）的平均水平。事实上，苏、浙、粤三省作为经济发展及市场规模较高的三个省份，在分工方向和路径选择上也各具特色。江苏省在引进外商直接投资方面处于全国领先地位；浙江省以民营经济为主导，民营企业家丰度处于领先地位;[①] 而广东省尤以"两头在

①　近年来，浙江省的企业家丰度有所降低是由于大量民营企业家实现跨省投资与跨境投资，因此浙江省的这一统计指标存在一定程度上的低估。

外"的加工贸易绩效最为显著。表6－8为1999—2010年苏、浙、粤三省企业家人力资本指标与以市场规模扩大为表征的分工深化之间的回归结果。

表6－7　　1999—2010年东部11个省（区、市）及苏、浙、粤
地区企业家人力资本指标与市场规模扩大的回归结果

变量	$\ln Y_1$		$\ln Y_2$	
	东部	苏、浙、粤	东部	苏、浙、粤
lnE	0.697 *** (0.029)	0.881 *** (0.0489)	0.773 *** (0.0308)	0.812 *** (0.0942)
常数项	7.282 *** (0.117)	6.516 *** (0.199)	6.619 *** (0.124)	6.402 *** (0.383)
F 值	578.34	325.09	628.82	74.3
R^2 值	0.816	0.905	0.829	0.686
观测数	132	36	132	36

变量	$\ln Y_3$		$\ln Y_4$	
	东部	苏、浙、粤	东部	苏、浙、粤
lnE	0.468 *** (0.0252)	0.663 *** (0.0535)	0.468 *** (0.0252)	0.663 *** (0.0535)
常数项	7.560 *** (0.102)	6.857 *** (0.217)	7.560 *** (0.102)	6.857 *** (0.217)
F 值	344.29	153.22	344.29	153.22
R^2 值	0.726	0.818	0.726	0.818
观测数	132	36	132	36

注：①***、**、*分别表示在1%、5%和10%的水平上显著，括号内为标准误差。

②$\ln Y_1$、$\ln Y_2$、$\ln Y_3$、$\ln Y_4$分别表示人均GDP、人均人民币储蓄、人均可支配收入（城镇可支配收入和农村可支配收入的加权平均，权重同前）与人均居民消费支出的对数值。

表6-8　　1999—2010年苏、浙、粤地区企业家人力资本指标与
市场规模扩大的回归结果

变量	$\ln Y_1$			$\ln Y_2$		
	江苏	浙江	广东	江苏	浙江	广东
lnE	0.844***	1.183***	0.943***	0.858***	1.334***	0.799***
	(0.0502)	(0.0635)	(0.0471)	(0.0389)	(0.0647)	(0.0243)
常数项	6.625***	5.145***	6.422***	5.981***	4.080***	6.813***
	(0.205)	(0.269)	(0.182)	(0.159)	(0.274)	(0.0939)
F值	282.16	347.34	401.32	485.69	425	1076.58
R^2值	0.966	0.972	0.976	0.98	0.977	0.991

变量	$\ln Y_3$			$\ln Y_4$		
	江苏	浙江	广东	江苏	浙江	广东
lnE	0.676***	0.933***	0.622***	0.495***	0.826***	0.498***
	(0.0436)	(0.0431)	(0.0337)	(0.0432)	(0.0606)	(0.0537)
常数项	6.638***	5.706***	7.187***	6.564***	5.287***	6.577***
	(0.178)	(0.182)	(0.13)	(0.176)	(0.257)	(0.207)
F值	240.47	469.7	341.07	131.18	185.93	86.08
R^2值	0.96	0.979	0.972	0.929	0.949	0.896

注：①***、**、*分别表示在1%、5%和10%的水平上显著，括号内为标准误差。②$\ln Y_1$、$\ln Y_2$、$\ln Y_3$、$\ln Y_4$指标含义同表6-7。

从表6-8回归结果可以看出，作为对市场规模的反映，人均GDP、人均可支配收入与人均消费水平是具有流量性质的收入估计指标，而人均人民币储蓄是具有存量性质的财富估计指标。结果发现，财富指标模型中的企业家人力资本对市场规模的弹性值要高于收入指标模型中相应数值。进一步比较表6-5中企业家丰度和表6-8中的四项结果可以发现，尽管浙江省近年来的企业家丰度有所下降，但浙江省的企业家丰度对于地区市场规模扩大的影响效应要明显高于江苏和广东两省的相应水平。这一现象的形成原因在于浙江省的企业家丰度存在一定程度上的低估。浙江省属于自然资源较为匮乏的省份，资源禀赋呈现"七山一水二分田"的特征，人均土地的稀缺程度等指标

在全国名列前茅，因此造成商务成本高企，导致大批本土企业家在省外、境外开辟市场，组织要素。因此，自然资源禀赋并未对浙江经济发展形成根本阻挡，反而构成某种"倒逼机制"，促进该省企业家人力资本更快地拓展。

应该指出，尽管江苏和广东在利用外资和进出口贸易方面都优于浙江，然而利用外资和进出口贸易从产业链的视角来看却往往会有"两头在外"的现象，一定程度上可能对民营经济在国际分工中向价值高端的攀升形成某种"挤出"与"替代"效应，从而制约了本土民营经济的发展空间，并对企业家的"干中学"产生一定程度的阻隔效应。从资源禀赋的视角来看，浙江在发展开放经济中与江苏和广东相比尚有差距，然而浙江的民营企业家却能够在突破本地自然资源禀赋制约的同时通过发展产业集群与市场的开拓来促进分工的深化。实际上，当前浙商的市场开拓不仅表现为民间资本的省内流动，而且还表现为本地资本对省外和境外的投资。据来自全国29个省级浙江商会的不完全统计，省外浙商共创办各类企业26万多家、各类专业市场2000多个，投资总规模超3万亿元，其中从浙江输出的资本约1.3万亿元。向当地缴纳税收1200多亿元，解决1136万人的就业，浙江人几乎在省外再造一个浙江。而按照2010年浙江省固定资产投资占GDP的比重为44.6%测算，省外浙商的这个投资数额相当于创造了6.7万亿元的GDP，是浙江省的2.4倍。这表明浙江人在省外创造的价值与贡献已超过了本土浙江。[①] 可见，浙江省的市场规模的大小仅仅依靠本地收入大小来估计容易造成低估，若将省外利润的汇回因素考虑在内，则采用财富指标有利于部分矫正企业家人力资本与本地市场规模的估计误差。因此，浙江省的"倒逼机制"促使企业家配置的时空拓展突破了以往地域经济的局限，实现了"浙江人经济"，从而促进了市场规模的有效扩大与比较优势的增进。

上述分析表明，企业家人力资本的拓展在促进社会分工深化、市

---

① 数据来源为何玲玲、李亚彪《"浙江人经济"崛起的坐标意义》，《新华每日电讯》2011年10月24日。

场规模扩大、比较优势增进的过程中起到不可或缺的重要作用。前已述及，以"know how"为主的知识结构是企业家人力资本的重要特征，故"干中学"是企业家人力资本拓展的主要途径。其中，"干"的状况影响到"学"的效果，进而影响到"拓展"的程度。可见，企业家的"干中学"绩效可对其人力资本的拓展产生重要影响。一般而言，企业家的"干中学"绩效会受到时间、空间、个人禀赋三个维度的约束。对于中国这一转型与发展中的大国而言，时间维度的约束主要体现在以市场化进程为标志的制度变迁。例如，在改革开放前，整个社会经济体制处于计划经济状态，企业家在市场条件下的"干中学"难以进行，企业家人力资本只能处于"潜在才能"的状态，而难以显现。故在当时，社会上几乎找不到企业家。改革开放后，商品的市场化使企业家的"干中学"得以初步实现，民营经济开始蓬勃发展，企业家尤其是中小企业家大量涌现，但是由于市场化尚处于初级阶段，要素市场也不完善，新兴的民营企业家遇到大量的进入壁垒，妨碍了其"干中学"的绩效。从这一维度来看，中国企业家人力资本的拓展还有待于市场化取向的体制改革进一步深化。从空间维度的约束视角来看，中国各省（区、市）因区位因素而导致的企业家"干中学"绩效受到明显影响。上述研究结果表明，广东省因其毗邻港澳的区位条件导致贸易尤其是加工贸易尤为发达，但以这种方式参与国际分工的不利之处在于企业家"干中学"被局限在价值链制造环节的低端，故其人力资本的拓展自然会受到影响。类似地，江苏凭借其在长三角地区比较成本较低的优势采取以引进、利用外资为主的方式参与国际分工，虽然在开放经济方面取得不俗的发展，但其本土企业家的"干中学"绩效却因境外企业家在价值链高端的"挤出"与"替代"而受到某种制约。与其对应的是，浙江的企业家因其自然资源禀赋条件的不足而被"倒逼"，将其商务活动大量延伸至省外与境外，故反而促进其"干中学"的绩效，这在上述的实证研究中已获得了初步验证。从个人禀赋约束维度的视角来看，企业家的"干中学"还会受到诸如个人风险偏好、经验积累多寡、领悟能力高低等个人禀赋因素的影响，而这方面还有待于深入企业层次做进一步的研究。从总体上看，上述三个维度的约束所造成的企业家"干中学"绩效差异是企业家人力资本异质性得以体现的重要基础，也是这类人力资本拓展的有效途径。显然，随着市场规模的扩大，企业家的"干中学"绩效与人力资本拓展程度也会随之提高，而两者之间的良性互动是推动中国比较优势增进的关键。

第三节　企业家才能配置与技术扩散

发展中国家往往面临这样的利弊权衡（trade‐off），即应当专业化分工于本国具有比较优势的行业（如低技术行业）还是专业化分工于目前缺乏比较优势，但在未来可能"后天获得"比较优势并具备一定生产率增长潜力的行业（如高技术行业）（Redding，1999）。遵循内生比较优势的专业化分工可以改变两个发生贸易的经济体内部各个行业的内生增长率水平。这意味着生产率水平影响比较优势和劳动力在各部门间的配置，而这一配置结果反过来又会影响相对生产率增长水平，从而使原有的生产率水平实现动态演化和效率增进。

"后天获得"的比较优势由内生技术进步决定，内生技术进步可能重塑原有的创新方向与贸易模式，使比较优势具有动态的特征。而索洛的新古典增长理论实际上将外生技术进步作为经济增长的引擎，并将"增长效应"与"水平效应"相分离，因而无法很好地反映比较优势的内生性和动态性。而 Young（1991）基于 Krugman（1987）和 Lucas（1988）将内生比较优势置于内生增长理论与国际贸易的一般均衡框架中分析的研究思路，认为内生技术进步的推动主要通过人力资本的"干中学"效应来实现。而开放经济条件下的技术进步往往要高于自给自足条件下的技术进步水平。内生技术进步可能产生两种福利效应。其一，遵循比较优势的专业化分工导致资源在高技术部门和低技术部门间的重新配置，从而影响发生贸易的经济体之间的"干中学"效应和生产率增长水平，使福利效应具有动态特征。其二，技术进步和内生增长率的微观基础表明，自由贸易下的技术变动率不同于社会最优水平。技术变动的正外部性会影响"干中学"效应的发挥，从而影响潜在生产率水平的增长。① 显然，人力资本的"干中学"效应和内生技术进步是推动比较优势动态增进的两大因素。

Young（1991）认为，"干中学"的主要特征在于：其一，具有外溢效应的特征，能够在地区间实现传导和应用。其二，"干中学"过程具有明显的报酬递减特征。随着新技术的增长潜力的不断发现、寻求和实施，"干中学"效应会逐渐减弱甚至消失，而只有产生新技术的不断突破才能够使"干中学"效应得以持续实现。

由于人力资本"干中学"效应与内生技术进步对生产率增长的动态效应体现于：人力资本不仅"直接"影响一个国家或地区选择与本土生产相匹配的新技术的能力（Romer，1990），还通过"间接"的"追赶（catch-up）效应"及"扩散（diffusion）效应"影响生产率增长水平（Nelson & Phelps，1966）。由此内生技术进步也应包含"双重"含义，不仅包括纯技术创新或"本土创新"效应，还包括采纳新技术后带来的"技术扩散"效应（Benhabib & Spiegel，1994）。"技术扩散"效应表明，随着专业化分工程度的加深，即使人力资本的"干中学"会逐渐实现报酬递减，但是只要存在持续创新的动力以及技术扩散的可能，就会创造出"后天的"内生比较优势，使"干中学"效应持续实现，技术前沿得以重塑，动态比较优势实现效率增进。

一 企业家"干中学"与人力资本溢出效应

基于 Benhabib 和 Spiegel（1994）理论基础，笔者构建企业家人力资本对生产率影响的分析框架，从而分析比较优势动态增进的作用机制。假定生产函数满足 C—D 生产函数，即满足：

$$Y_t = A_t(H_t)K_t^\alpha L_t^\beta \tag{6.7}$$

两边取对数，得到：

---

① Aghion 和 Howitt（1992）认为，"经营偷窃效应"（business stealing effect）和"垄断扭曲效应"（monopoly distortion effect）使自由贸易下的技术变动往往高于社会最高水平。Jones 和 Willians（1998）的证据表明，在内生技术变动下，研发（R & D）的社会回报率往往要高于私人回报率。

$$(\log Y_T - \log Y_0) = [\log A_T(H_t) - \log A_0(H_t)] + \alpha(\log K_T - \log K_0) + \beta$$
$$(\log L_T - \log L_0) + (\log \varepsilon_T - \log \varepsilon_0) \tag{6.8}$$

由于 TFP 增长率是人力资本存量的函数，而人力资本具有本土创新（domestic innovation）的直接效应和通过技术扩散（technology spillover）产生的溢出效应。则人力资本溢出的间接效应可以用人力资本和产出差距的乘积来表示，即为：

$$[\log A_T(H_t) - \log A_0(H_t)]_i = c + gH_i + mH_i[(Y_{\max} - Y_i)/Y_i] \tag{6.9}$$

下面采用 TFP 来表示 A，即上式可表示为：

$$[\log TFP_T(H_t) - \log TFP_0(H_t)]_i = c + gH_i + mH_i[(Y_{\max} - Y_i)/Y_i]$$
$$\tag{6.10}$$

其中，$Y_{\max}$ 表示所有地区中最高的产出，TFP_0 表示初始年份的生产率水平，c 表示外生技术进步，gH_i 表示本土创新，$mH_i[(Y_{\max} - Y_i)/Y_i]$ 表示技术扩散，g 和 m 为参数。"本土创新"项表明人力资本和技术进步是相互独立的，而"技术扩散"项又称为"追赶"项是假定人力资本存量不变的情况下，具有较低的初始生产率的地区具有更快的生产率增长水平。由于人力资本是推动经济发展及采用新技术的关键变量，可以反映在 TFP 核算中，因此技术扩散与人力资本正相关，同时满足以下条件：

$$\frac{\dot{TFP_t}}{TFP_t} = \varphi(H)\left[\frac{TFP_t^* - TFP_t}{TFP_t}\right], \quad \varphi(0) = 0, \quad \varphi'(H) > 0 \tag{6.11}$$

即 TFP 的增长率取决于人力资本存量 H 以及技术差距，这里定义为实际技术水平与前沿技术水平的差距。其中，$\left[\dfrac{TFP_t^* - TFP_t}{TFP_t}\right]$ 表示技术差距，是人力资本 H 的递增函数。范登布什（Vandenbussche，2004）将人力资本结构与技术前沿差距对生产率增长的影响作用分为"水平效应"（level effect）和"结构效应"（composition effect）两种方式。"水平效应"，是指在保持人力资本的结构效应不变的情况下，人力资本总存量的增进能促进经济增长；而"结构效应"，是指在保持人力资本的水平效应不变的情况下，人力资本对经济增长的促进作用取决于人力资本结构及其与技术前沿的差距。式（6.11）可以进一

步表示为:

$$\left[\log TFP_T(H_t) - \log TFP_0(H_t)\right]_i = c + (g-m)H_i + mH_i(Y_{\max}/Y_i)$$

$$(6.12)$$

则式 (6.12) 可表示为:

$$\left[\log Y_T - \log Y_0\right] = c + (g-m)H_i + mH_i(Y_{\max}/Y_i) + \alpha(\log K_T - \log K_0) +$$

$$\beta(\log L_T - \log L_0) + (\log \varepsilon_T - \log \varepsilon_0)$$

$$(6.13)$$

则人力资本及其溢出效应对生产率增长的影响程度可表示为:

$$TFP_{i,t} - TFP_{i,t-1} = \beta_1 \Delta_t^2 TFP_i + \beta_2 H_{i,t-1} + \beta_3 H_{i,t-1}\left[\frac{(Y_{\max,t-1} - Y_{i,t-1})}{Y_{i,t-1}}\right] +$$

$$\beta_4 K_{i,t-2} + \beta_5 FDI_{i,t-2} + \mu_{i,t}$$

$$(6.14)$$

式 (6.14) 等价于:

$$TFP_{i,t} - TFP_{i,t-1} = \beta_1 \Delta_t^2 TFP_i + \beta'_2 H_{i,t-1} + \beta_3 H_{i,t-1}\left(\frac{Y_{\max,t-1}}{Y_{i,t-1}}\right) +$$

$$\beta_4 K_{i,t-2} + \beta_5 FDI_{i,t-2} + \mu_{i,t}$$

$$(6.15)$$

其中, $\beta'_2 = \beta_2 - \beta_3$。

上述提及的人力资本实际上是指一般人力资本 (H)。[1] 笔者认为, 多数西方学者将熟练劳动力等同于人力资本的做法其实并不全面。因为人力资本要素不能够仅仅以劳动的平均熟练程度或需要消耗的平均社会必要劳动时间来衡量。实际上, 在中国这样的转型国家中, 除了一般人力资本外, 还有企业家人力资本 (E) 这一类特殊生产要素。因此, 企业家人力资本的表现往往体现为创新能力, 因此以劳动力的受教育程度或平均熟练程度来衡量并不妥当。因此, 企业家人力资本和一般人力资本的差异表现体现在本土创新和技术扩散方面的表现绩效有所不同。为验证企业家人力资本对于生产率的特殊贡献, 同时方便将两类人力资本作用进行比对, 笔者在上述模型的基础上, 将企业家人力资本纳入生产率增长模型的分析框架中, 进一步探

---

[1] 范登布什 (Vandenbussche, 2004) 认为, 熟练劳动力的增加有利于技术前沿的推进与本土创新的实现; 而非熟练劳动力的增加对于技术前沿的作用方向则相反, 其从事创新活动有可能产生劳动力配置的低效率, 导致对技术前沿水平的背离。在这里, 其所指的熟练劳动力由于可以用受教育程度来衡量, 即可看作为多数文献中的一般人力资本要素。

讨两类人力资本及相应的人力资本溢出效应对生产率增长的不同影响绩效。企业家人力资本及溢出效应可表示为：

$$TFP_{i,t} - TFP_{i,t-1} = \eta_1 \Delta_t^2 TFP_i + \eta_2 E_{i,t-1} + \eta_3 E_{i,t-1} \left[\frac{(Y_{max,t-1} - Y_{i,t-1})}{Y_{i,t-1}} \right] +$$

$$\eta_4 K_{i,t-2} + \eta_5 FDI_{i,t-2} + \mu_{i,t} \tag{6.16}$$

式（6.16）等价于：

$$TFP_{i,t} - TFP_{i,t-1} = \eta_1 \Delta_t^2 TFP_i + \eta'_2 E_{i,t-1} + \eta_3 E_{i,t-1} \left(\frac{Y_{max,t-1}}{Y_{i,t-1}} \right) +$$

$$\eta_4 K_{i,t-2} + \eta_5 FDI_{i,t-2} + \mu_{i,t} \tag{6.17}$$

其中，$\eta'_2 + \eta_3$。

二　企业家"干中学"、技术扩散与动态比较优势增进的实证检验

（一）数据来源与变量定义

根据上述理论分析，以下将进一步验证两类人力资本对生产率增长和比较优势动态增进的不同作用机制。

首先来估计因变量。由于 Redding（1999）将潜在生产率增长作为动态比较优势增进的衡量，因此，这里将生产率增长作为模型的因变量。为体现生产率增长的时间维度特征，以当年的生产率与上年生产率之差作为估计指标。实证检验中由于时滞效应的存在，将生产率增长的一阶差分项 $TFP_{i,t} - TFP_{i,t-1}$ 作为模型因变量，将生产率增长的二阶差分项 $\Delta_t^2 TFP$ 作为自变量纳入分析框架中。可采用 DEA - Malmquist 方法来核算生产率增长水平，即全要素生产率的增长率。[1] 要测算 TFP，需要分别估计产出值、资本投入和劳动投入。其中，产出采用各地区实际 GDP 值来核算，具体以 1991 年为基年，采用 CPI 指数平减得到。劳动投入以各地区从业人员数来估计。资本投入采用永续盘存法核算。由于物质资本可进一步分解为建筑资本和设备资本分别做出估计，其中设备资本可视为技术内嵌型资本，可能影响生产率增长水平，因此这里将两种资本分别作为投入要素纳入生产率核算

---

① Tim Coelli, A Guide to DEAP Version 2. 1：A Data Envelopmnt Analysis Program, 2008.

体系中。由于采用生产率增长的阶差分项为因变量，故采用样本数据为 1999—2010 年中国 30 个省（区、市）的经济变量，其中西藏由于部分年份数据缺失从样本中剔除。主要变量数据与处理方法与第四章相同，结果见第四章各表所示，在此不再赘述。

作为增长引擎的人力资本要素可分为一般人力资本和企业家人力资本两种类型。其中，一般人力资本用人均受教育年限来表示估计，企业家人力资本依然采用民营企业家丰度值来估计。根据上文分析，人力资本的溢出效应可以区分为人力资本的本土创新与技术扩散两种效应。一般人力资本的本土创新效应可用 H_i 来表示，技术扩散效应采用人力资本存量和某地区人均产出与最高地区人均产出差距的比值来表达，即为 $H_i(Y_{max} - Y_i/Y_i)$。Y_{max} 表示人均 GDP 最高省份的产出，这里以上海市的人均 GDP 来替代。同理，具有异质性特征的企业家人力资本的溢出效应也包含本土创新和技术扩散两种效应。企业家人力资本的本土创新效应可表示为 E_i，技术扩散效应的表达式相应为 $E_i(Y_{max} - Y_i/Y_i)$。

影响生产率增长的因素除了人力资本存量因素与人力资本溢出因素以外，还包括其他外生因素。这里以 FDI 作为外向程度的衡量指标。Fleisher（2010）认为，影响生产率增长的因素还应包括资本形成率，故将资本形成率 CAP 纳入模型分析中。由于 FDI 和资本形成率对生产率增长的影响存在一定的时滞效应，因此将两者的二阶滞后项纳入模型分析中。表 6-9 为变量定义。根据式（6.15）和式（6.17）的模型构建来分别考察一般人力资本和企业家人力资本的溢出效应，实证分析采用面板 FGLS 方法检验，得到表 6-10 的回归结果。

表 6-9　　　　　　　　　变量定义

变量	符号	定义
生产率增长	$TFP_t - TFP_{t-1}$	以当年全要素生产率与上年全要素生产率之差来表示
人均产出	Y	以当年名义人均 GDP 来表示
一般人力资本	H	采用平均受教育年限来核算

续表

变量	符号	定义
企业家人力资本	E	以民营企业家丰度表示
资本形成率	CAP	以资本形成总额占 GDP 比重来表示
外商直接投资	FDI	以人均外商直接投资来表示

表 6 – 10　　　　　2001—2010 年全国 30 个省（区、市）
的面板 FGLS 回归结果

	模型（1）	模型（2）
因变量：$TFP_t - TFP_{t-1}$		
$\Delta_t^2 TFP$	– 0. 426 *** （0. 0553）	– 0. 423 *** （0. 0555）
FDI_{t-2}	0. 0101 ** （0. 00434）	0. 00732 * （0. 00399）
H_{t-1}	– 0. 0185 （0. 0129）	
$H_{i,t-1}\left(\dfrac{Y_{max,t-1}}{Y_{i,t-1}}\right)$	0. 0190 * （0. 0108）	
K_{t-2}	0. 112 *** （0. 0389）	0. 0746 ** （0. 0376）
E_{t-1}		– 0. 0590 * （0. 0303）
$E_{i,t-1}\left(\dfrac{Y_{max,t-1}}{Y_{i,t-1}}\right)$		0. 0597 * （0. 0311）
常数项	– 0. 141 ** （0. 0630）	– 0. 104 *** （0. 0282）
观测数	300	300
单位数	30	30

注：①***、**、*分别表示在 1%、5% 和 10% 的水平上显著，括号内为标准误。
②模型（1）和模型（2）分别表示一般人力资本的溢出效应和企业家人力资本的溢出效应。

（二）实证结果及分析

表 6 – 10 中的模型（1）和模型（2）分别为一般人力资本与企业家人力资本对生产率增长的溢出效应的实证结果。首先看人力资本及人力资本的溢出变量指标。模型（1）中的一般人力资本模型中，H 表示一般人力资本存量，而以 $H_{i,t-1}\left(\dfrac{Y_{max,t-1}}{Y_{i,t-1}}\right)$ 表示一般人力资本的技

术扩散项或追赶项，即一般人力资本的溢出效应。结果发现与 Benhabib 和 Spiegel（1994）的结论较为一致。根据 Benhabib 和 Spiegel（1994）理论，本土创新项假定人力资本存量独立于技术进步，即仅仅依赖人力资本存量是不能提高技术进步水平的。而追赶项假定的是人力资本存量既定的情况下，拥有较低生产率水平的地区具有较快的全要素生产率增长水平。其中，表示本土创新效应的指标 H 的系数为负且统计意义不显著，即式（6.15）中的 $\beta'_2 (=\beta_2-\beta_3)$。实际上，人力资本对生产率增长及技术进步的影响不应该仅仅看本土创新效应 H 的系数，而应该看系数 β_2 的大小。即一般人力资本的偏效应（或实际总效应）应该表示为 $\beta'_2+\beta_3$，数值上为 $-0.0185+0.019=0.0005$。可见，一般人力资本的本土创新效应对生产率增长的影响的点估计值为 0.005。回归结果同时显示 $H_{i,t-1}\left(\dfrac{Y_{\max,t-1}}{Y_{i,t-1}}\right)$ 的系数为正且统计意义显著，即式（6.15）中的系数 β_3，表明一般人力资本的技术扩散效应对生产率增长的边际效应为 0.019。上述结果是对于一般人力资本模型而言。[①] 事实上，企业家人力资本是具有异质性特征的一类人力资本，其对潜在生产率增长和技术进步的作用理论上要高于一般人力资本。作为比对，笔者对企业家人力资本及溢出效应对生产率增长的影响进行探讨，并作相应的实证分析。在模型（2）中，E 表示企业家人力资本，而 $E_{i,t-1}\left(\dfrac{Y_{\max,t-1}}{Y_{i,t-1}}\right)$ 表示企业家人力资本的技术扩散效应。从实证结果可以看到，企业家人力资本的系数值为负并且显著，即为式（6.17）中的系数 $\eta'_2(=\eta_2-\eta_3)$。同理，企业家人力资本的偏效应应该看系数 η_2 值，即为 $\eta'_2+\eta_3$，数值上为 $-0.0590+0.0597=0.0007$。即企业家人力资本的本土创新效应对生产率增长的点估计值应为 0.0007。比较两个模型结果可以发现，企业家人力资本的本土创新能力确实要高于一般人力资本。而回归结果同样显示，

① Benhabib 和 Spiegel（1994）模型中的人力资本可视为本书中的"一般人力资本"，该书并未对除一般人力资本之外的其他人力资本类型作进一步讨论。

$E_{i,t-1}\left(\dfrac{Y_{\max,t-1}}{Y_{i,t-1}}\right)$ 的系数为正且统计意义显著，系数值为 0.0597，表明企业家人力资本的技术扩散效应为 0.0597，该数值要明显高于一般人力资本技术扩散效应的 0.0190。表明企业家人力资本的技术扩散效应也要高于一般人力资本。

可见，企业家人力资本的"干中学"不同于一般人力资本的"干中学"。一般人力资本往往是具备专项知识与技能的熟练劳动力，主要依靠专项知识和专门技术的积累实现"干中学"；而企业家人力资本不同于一般的熟练劳动力，主要通过对"一揽子要素"的优化配置来实现"干中学"。"一揽子要素"的配置既包含产品创新也包含商业创新（包括企业家的营销创新与对新市场的开拓等）以及制度创新（即企业家对于政策转换相机抉择的能力等）。因此，企业家"干中学"通过本土创新效应与技术扩散效应两种方式来实现，要明显高于一般人力资本的"干中学"。

由于潜在生产率增长及内生比较优势增进可视为人力资本和新技术采用共同作用的结果，而人力资本"干中学"的持续实现和内生技术进步的可持续性主要通过技术扩散这一渠道来实现。技术扩散的实现与"邻近型知识"（或"延续型知识"，contiguous knowledge）这一特殊的知识形态有关（Papageorgiou，2002）。"邻近型知识"假定知识的传播往往是在给定时空范围内实现。这促使较为接近技术前沿的地区能够获得更快的经济增长水平，并且能够更好地采用新技术。显而易见，企业家往往比一般技术人员具有更加敏锐的商业敏感和市场直觉，因而更容易采纳并利用新知识新技术。通过企业家才能的发挥与技术的扩散，那些邻近技术前沿水平区域内的企业家首先采纳并利用新技术；而后随着"邻近型知识"的传播，新技术实现梯度扩散，一些稍远离技术前沿水平区域内的企业家也能够逐步学习并采纳这些技术，从而促进自身企业绩效的提高与区域经济的增长。实证结果中对于人力资本的溢出效应的另一个重要发现是不管是一般人力资本还是企业家人力资本，两者的本土创新对于生产率增长的弹性值都要明显小于技术扩散下的弹性值。这表明，对于转型国家而言，在很大程度上，技术扩散效应对经济增长的作用绩效要高于本土创新效应。

除了人力资本及其溢出效应变量之外，外商直接投资和资本形成率也可能影响生产率增长。在模型（3）和模型（4）中，FDI和K的系数值均为正，并且统计意义显著，表明外商直接投资和资本形成率对生产率增长的影响均为正效应。FDI的正效应表明FDI通过技术外溢和"示范效应"促进全要素生产率增长。因此，适当利用外资，发挥外资利用的积极面，有利于生产率的增长及技术进步的推进。而资本形成率对生产率增长的影响显著为正，表明资本的合理引导和配置会促进生产率增长水平。这一结果与Fleisher（2010）的研究结论基本一致。Benhabib和Spiegel（1994）强调单纯的人力资本积累并不足以解释经济增长，并且其对经济增长的促进作用并不显著，有时候甚至构成负效应。这就意味着，只有实现两类资本配置的"协同"与"互动"，才能促进生产率水平的持续增长与动态比较优势的效率增进。

第四节　本章小结

以分工深化为标志的比较优势动态演进与企业家人力资本拓展之间的重要关联纽带是市场规模的有效扩大，这不仅可表征分工的深化、效率的提升，而且可为企业家人力资本的拓展提供更宽广的信息渠道，使其能通过"干中学"，以更多的机会发现、利用市场的知识、信息及更大的获利空间。这必然导致企业家人力资本的内生性拓展，并在比较优势增进及比较利益实际获取中起关键作用。由于企业家人力资本的拓展可推动市场规模的显著扩大，而后者又能促进前者的进一步拓展，两者的良性互动有利于中国实现比较优势的动态内生性增进。

本章首先以市场规模的有效扩大作为对比较优势的动态内生性增进的计量估计，从这一新视角切入可突破企业家人力资本拓展和动态比较优势增进研究中的定量分析难点。实证研究表明，具有存量性质的财富估计指标比具有流量性质的收入估计指标的显示度更好，且能更好地反映市场规模的有效扩大。原因在于：①市场规模的测度不仅包括即期购买力，还应包括潜在购买力，财富指标可充分地反映潜在购买力。②地区发展路径差异的比较分析表明，浙江省近年来的民营企业家丰度有所降低很大程度上是由于对区际企业家流动的计量困难。采用财富指标来估计市场规模一定程度上可以矫正区际企业家流动对地区财富积累与市场规模估计的误差。

其次，基于 Benhabib 和 Spiegel（1994）的理论基础，笔者进一步比较一般人力资本和企业家人力资本两类人力资本如何通过本土创新与技术扩散的共同作用来影响生产率水平的增长。研究发现，企业家人力资本对于生产率增长的本土创新效应与技术扩散效应要高于一般人力资本。此外，不论是对于企业家人力资本还是一般人力资本而言，两者的技术扩散效应对于生产率增长的影响程度都要高于本土创新效应。

通过人力资本的技术扩散效应，先进技术能够从先发地区通过传播到后发地区。那些人力资本存量较高且企业家资源较为丰裕的先发地区往往具有较高的生产率水平。而后发地区只要能够累积一定的人力资本存量或企业家资源，仍然能够通过技术扩散效应赶超先发地区，实现一定程度上的"蛙跳型经济增长"（leap - frogging）。这表明，人力资本要素是经济增长的引擎，而企业家人力资本更是推动技术进步，重塑生产前沿的关键变量。通过对企业家资源的引导，不仅能够提高后发地区的技术进步，还有利于矫正当前我国各省区经济发展不平衡的现状。因此，进一步实现企业家"干中学"，有利于推动我国潜在生产率水平的提升与动态比较优势的效率增进。

第七章 企业家才能配置与动态比较优势增进的制度环境

转型经济下的中国，要素市场扭曲的制度结构可影响企业家才能的配置。企业家将要素扭曲租金转化为出口优势的"寻租"动机直接制约了企业家才能的发挥。本章研究发现，要素市场扭曲在短期内可能会"倒逼"企业家将"要素租"转化为"集聚租"，实现专业化分工的深化；然而长期内，要素市场扭曲却会制约企业家将"要素租"转化为"创新租"，从而影响企业家持续的自主创新。研究表明，加快要素市场的市场化进程和实现有效的政府治理有助于企业家才能的正向配置，并可进一步促进我国在国际分工中实现动态比较优势的增进。

第一节 要素市场扭曲背景下的企业家才能配置

改革开放 30 多年来，中国取得了举世瞩目的经济增速和"出口奇迹"。截至 2013 年年末，中国以 4.16 万亿美元的进出口总值跃居为世界第一大贸易国。然而，作为世界贸易大国和"制造业中心"，中国主要凭借丰裕的劳动力等初级生产要素参与全球价值链分工。世界贸易组织（WTO）和联合国贸发会议（UNCTAD）的最新调查报告显示，中国等发展中国家在国际价值链"微笑曲线"上处于加工、组装等低端生产、制造环节，与占据价值链研发、营销等高端环节的发达国家相比，中国从这种"两头在外"的生产和贸易模式中所获取的国际分工利润相当微薄。[①] 由于参与贸易所创造的国内增加值（value - added）较低，因此中国的贸易数据存在"出口虚高"的统计假象，参与国际分工的比较优势无法转化为现实中的比较利益。

实际上，中国企业特定的出口模式来源于中国国内特殊的制度结构。长期以来，中国的"对外开放"是在"对内改革"这一渐进式的转型经济背景下实施的（Young，2000），地方政府往往采用人为压低关键生产要素价格的方式降低出口企业的生产成本，提升出口企业的国际竞争力，从而形成高出口和高经济增长的政绩（施炳展，2012）。政府对要素市场的配置、管制和定价的过多干预导致要素市场的市场化改革进程相对滞后于产品市场的市场化进程（黄益平，2009），从而形成中国特殊的制度结构。而要素流动障碍、要素价格刚性及要素价格差别化等因素构成了要素市场发展相对滞后的主要原因（Magee，1971）。要素市场扭曲的主要来源体现为以下几个方面。在劳动力要素方面，城乡二元分工格局和户籍制度的限制导致劳动力价值的"剪刀差"，使劳动力市场供给存在严重的扭曲；在资本要素方面，由于中国存在金融抑制的典型特征，利率市场化改革、资本账户开放和金融体制改革的发展相对滞后以及企业信贷的配给特征导致资本要素市场存在很大程度的扭曲；在土地要素方面，地方政府往往出于保证地方财政收入和招商引资的目的压低工业用地和商业用地价格，土地价格在租赁、转让和抵押过程中被人为扭曲；在中间品要素方面，技术、专利、知识产权等以无形资产为特征的生产要素的产权保护制度发展不完善，导致要素价格严重低估。[②] 上述多种要素的扭曲和误置导致中国的大量出口企业更倾向于将国内要素扭曲的低成本优势转化为出口优势（张杰，2011），而企业自主创新的动力和能力

---

① WTO（2011）：《贸易模式和东亚的全球价值链：从货物贸易到任务贸易》；UNCTAD（2013）：《全球价值链和发展：全球经济中的投资和增加值贸易》。

② 冼国明等（2013）将中间产品定义为能源、原材料、进口中间品等有形产品，而本书对中间品的定义主要参见卡森（1976），即中间产品包含技术、专利、管理技能、品牌、商标、市场技能以及市场信息等无形知识资产，这与后文采用的樊纲（2011）的要素市场化指标构建思路较为一致，下同。

进一步减弱。而近年来随着中国企业所赖以生存的低廉的"人口红利""资源红利""环境红利"等要素红利的逐步衰减,企业的出口优势愈加难以为继。

然而,多数学者在关注要素市场扭曲的制度结构激发中国企业出口这一"特征化事实"的同时,并未深入考察影响企业出口行为的内部动力源机制。无疑,企业家是转型经济下的中国所存在的一类具有主动性和能动性特征的人力资本,是企业出口和创新的决策主体(张小蒂,2011)。在要素市场扭曲的制度背景下,企业家才能的配置呈现独特的"两面性"特征。一方面,企业家出于"寻租"动机,将要素扭曲租金的低成本优势转化为出口优势;而另一方面,企业家出于"逐利"动机,可通过其对于"一揽子要素"资源的优化配置实现专业化分工的深化,有效分摊生产过程中稀缺要素的高成本,规避研发风险实现技术创新。然而,企业家才能的异质性特性及其潜在的广阔的拓展前景却并未得到学界充分的重视。企业家才能的正向配置有利于将中国参与出口的比较优势转化为现实中的比较利益。基于上述事实,本章以企业家才能为研究对象,从经验证据上论证要素市场扭曲的制度结构对企业家才能配置的可能影响,探寻中国企业实现产业转型升级并进一步获取国际分工利益的可行路径。

第二节 文献回顾

企业家才能(Entrepreneurship)由经济学家康替龙于 1732 年首次提出,泛指一切有创新精神和承担创业风险的精英人才及其才能,被认为是继土地、劳动和资本之后的第四类生产要素(萨伊,1857)。奈特认为企业家才能主要体现为承担并减少市场过程中的不确定性(Knight,1921)。现代企业家理论的推进和发展主要来自德国学派的熊彼特和奥地利学派的科兹纳的贡献。熊彼特强调企业家才能的本质是"创造性的破坏"(Schumpeter,1934)。企业家通过对"生产要素的重新组合"实现"创新",即"建立一种新的生产函数"。这种

"新组合"主要包括五种形式：①采用新产品；②引进新技术；③开辟新市场；④控制原材料的新供应来源；⑤实现企业的新组织形式等。由于创新过程是一种动态替代竞争过程，因此熊彼特意义上的企业家被视为市场均衡的"打破者"。而奥地利学派的主要代表人物科兹纳的观点则与之相反，认为企业家作为市场主体能够促进市场均衡的自动实现。科兹纳认为，企业家具有对市场信息的特殊而持续的"警觉性"，他们可以了解市场信息并修正其自身决策（Kirzner，1973）。企业家可以认识并发现市场机会，使市场机制触发自动的调整机制，最终实现零经济利润的市场均衡。因此，科兹纳意义上的企业家被视为市场机会的"套利者"。

鲍莫尔（Baumol，1990）认为，企业家特质是人类行为的普遍特征。他认为，企业家是具备"有限理性"的，决定企业家才能的关键是其特定的形成路径。他在熊彼特的"创新型"企业家和科兹纳的"套利型"企业家的基础上进一步将企业家才能的配置分为"生产型"活动和"非生产型"活动两种。其中"生产型"活动指企业家在指导生产过程中产生熊彼特意义的创新与技术进步。而"非生产型"活动则表明企业家在生产活动之外可能通过"寻租"等投机行为实现财富的再分配，从而降低经济增长绩效。可见，在企业家与市场均衡的博弈过程中，企业家既有可能成为积极的"逐利者"，又有可能成为消极的"寻租者"。而影响企业家实现创新或"寻租"间配置的主要因素是企业家所处的制度结构。良好的制度结构会促使企业家实现生产型活动的配置，并提升企业家的相对报酬结构。而不完善的制度结构可能会抑制企业家的创新努力，降低其生产型活动的配置，进行非生产型活动的配置。Murphy、Shleifer和Vishny（1991）通过对转型经济体的研究发现，不少企业家往往出于寻求税收优惠、产权保护的目的而成为"寻租者"而非"生产者"。长此以往，"寻租"活动创造了负外部性，减少了投资的边际生产率，并导致经济发展"锁定"于停滞发展的稳态均衡（Acemoglu，1994，2006）。新近发展的企业家理论的相关文献集中于对鲍莫尔理论进行进一步的经验论证。Sobel（2008）利用美国48个州的面板数据考察经济、政治和法律环境的制度质量对企业家生产率的影响程度。他以人均风险资本投资、人均专利和自我雇佣率来衡量生产型企业家才能,以各州游说组织数量来衡量非生产型企业家才能,结果发现,制度质量得分与企业家生产率水平呈现明显的正相关关系。Aidis 和 Estrin(2007,2010)利用 47 个国家的跨国面板数据,采用 Global Entrepreneurship Monitor 数据库的企业家才能数据测度腐败指数、产权保护、政府治理程度、税收制度等制度质量对企业家才能的影响。结果发现腐败程度越大,政府规模越大,企业家才能的发挥受到越多的限制。而实际上,企业家才能与其所处的制度结构存在互动关系。制度结构可能影响企业家才能实现不同方向的配置,而企业家才能本身也可能重塑或改造制度结构。企业家可能遵守制度规则,逃避制度规则甚至直接转变制度规则(Henrekson & Sanandaji, 2010;Parker, 2004)。一系列文献(Welter, 2011;Minniti, 2008;Holder, 2009)研究表明,企业家往往可能通过政治游说和集体行动而成为"政治型企业家",实现降低企业的市场准入门槛和减少竞争程度的目的,企业家自身也成为"政治联合体"。由此可见,制度结构和企业家才能存在共生互动的相互联系,制度结构实际上内生于企业家才能。

而对正处于转型经济下的中国而言,不完善的制度结构容易导致企业家才能的发挥往往受到某种程度的抑制和阻滞,并使其长期处于"隐性"和"半隐性"的状态。当前不少具备创新才能的企业家也往往为寻求政策优惠和降低市场准入门槛而实行政治游说。而对当前制度结构的依赖和适应成为企业家的"游戏规则",这不仅制约了企业家才能的积极发挥,构成了生产的低效率,而且影响了中国潜在的生产率增长。而对于出口企业而言,企业家的"寻租"行为进一步体现为对于扭曲的低成本要素的追求,这种低要素导向型的出口模式不仅导致我国的出口利益受损,而且不利于现实中比较利益的获取。

第三节　指标测度

一　基于要素市场化程度的制度结构

　　为考察基于省（区、市）际层面的中国各地区制度结构的差异，这里以樊纲等（2011）中国各地区市场化指数作为制度结构的测度指标。考虑到中国各地区要素市场化发展相对滞后，故首先考察以要素市场化进程为表征的制度结构对企业家才能的影响。其中，要素市场化指数包括金融业市场化程度、引进外资程度、劳动力流动性程度和科技成果市场化程度四个方面。[①]　其中，金融业市场化和引进外资程度的提高表明资本要素市场化的发展，劳动力流动性的提高表明国内市场分割程度的降低和户籍体制改革的深化等制度变革促使劳动力要素市场化的发展，而科技成果市场化程度加强则表明知识产权等中间品要素市场的发展。由于在中国企业家精神的发挥以民营企业家的表现尤为显著，故以民营工业企业家丰度（以万人拥有的民营工业企业数来衡量）来衡量企业家才能。表7－1是各地区要素市场化程度各指数与企业家才能的斯皮尔曼和成对相关检验结果。结果显示，要素总体市场化程度以及表征资本、劳动力、中间品的各项要素市场化指标与企业家才能均为正向显著，表明劳动力、资本和中间品要素市场的发展能促进企业家才能得到充分发挥；反之，要素市场的扭曲则可能阻碍企业家精神的进一步释放。

　　而由于中国各地区要素市场化进程滞后于产品市场化进程，张杰（2011）进一步估算了中国各地区要素市场扭曲的程度。主要采用（各省区产品市场化进程指数－要素市场化进程指数）/产品市场化进程指数以及（各省区总体市场化进程指数－要素市场化进程指数）/总体市场化进程指数两种方式来测度。该测度指标直接估算

―――――――――――――

　　①　具体参见樊纲、王小鲁、朱恒鹏《中国市场化指数——各地区市场化相对进程2011 年报告》，经济科学出版社 2011 年版。

了各地区的要素市场扭曲程度，有效避免了间接度量过程中可能出现的数据失真，故本书借鉴上述方法，以要素市场化进程滞后于总体市场化进程的程度作为进一步测度企业家所处制度结构的衡量指标。

表7-1 要素市场化程度与企业家才能的相关检验结果（2009年）

	要素总体市场化	金融业市场化	引进外资程度	劳动力流动性	科技成果市场化
Spearman	0.8387***	0.8105***	0.6831***	0.4694***	0.5918***
Pairwise	0.7384***	0.7072***	0.5495***	0.4965***	0.3887**

注：Spearman 和 Pairwise 分别表示斯皮尔曼相关性检验和成对相关检验。其中，***表示在1%的显著性水平上显著，**表示在5%的显著性水平上显著。

二 基于企业家才能配置的测度

转型经济的背景下，制度结构的差异影响企业家由非生产型的"寻租"行为向生产型的"逐利"行为的转化和配置，而良好的制度结构有利于实现企业家潜能的激活和重塑。企业家才能的正向配置即生产型的"逐利"行为主要体现为：一方面，通过"一揽子要素"的优化配置提升劳动生产率，实现专业化分工的深化；另一方面，通过技术创新的规模报酬递增效应，促进"创新协同效应"的形成，实现品牌创新与自主创新能力的提升。可见，企业家才能的正向配置表现为企业家通过寻求经济租"重组"生产要素并建立"新的生产函数"。基于此，笔者分别以企业家促进分工深化的程度和企业家实现创新的程度作为企业家才能正向配置的测量指标。具体测算方法为以各地区企业家区位熵指数作为衡量企业家专业化分工能力的指标，以各地区企业家的广义自主创新能力作为衡量企业家创新才能的衡量指标。由此进一步从经验证据上考察并估算要素市场扭曲程度的制度结构对企业家才能配置的影响。

第四节 模型设定与结果分析

一 要素市场扭曲对企业家实现分工深化的影响

本章模型设定是将企业家才能作为被解释变量，要素市场扭曲的制度结构及其他影响企业家才能发挥的特定因素作为解释变量。考虑到制度结构和企业家才能两者间存在内生性的"逆向因果"（reverse causality）联系，故采用构建系统 GMM 模型（SYS – GMM）来克服上述因素的影响。根据 Arellano 和 Bond（1995），Blundell 和 Bond（1998）的研究，系统 GMM 的估计方法主要分为两个步骤：首先，对将要估计的方程进行一阶差分变换以消除地区固定效应，然后将滞后变量作为差分方程中相应内生变量的工具变量估计差分方程，由此得到一阶差分广义矩估计量（即 DIF – GMM）；其次，为了克服差分广义矩阵估计量容易受弱工具变量和小样本偏误的影响，在上述基础上进一步使用水平方程的矩条件，将滞后变量的一阶差分作为水平方程中相应水平变量的工具变量。即在估算过程中同时利用水平方程和差分方程的信息。具体以被解释变量的滞后一期作为估计方程的解释变量，其他解释变量作滞后二期处理。基准回归方程如下：

$$EIS_{i,t} = \alpha_0 + \alpha_1 \times EIS_{i,t-1} + \alpha_2 \times FACTOR_{i,t-2} + \beta \times Z_{i,t-2} + \eta_t + \mu_t +$$
$$\nu_{i,t} \tag{7.1}$$

其中，控制变量 $Z_{i,t-2}$ 的集合为：

$$Z_{i,t-2} = \beta_1 \times TFP_{i,t-2} + \beta_2 \times KOL_{i,t-2} + \beta_3 \times EX_{i,t-2} + \beta_4 \times GOV_{i,t-2}$$
$$\tag{7.2}$$

其中，$EIS_{i,t}$ 表示用民营工业企业家区位熵度量的省份 i 第 t 年的企业家才能，表示该地区企业家才能的发挥可促进专业化分工深化及地理集聚。$EIS_{i,t-1}$ 表示被解释变量的一阶滞后项，$FACTOR_{i,t-2}$ 表示要素扭曲程度，以各地区要素市场化程度滞后于总体市场化程度的差距比值来表示。$Z_{i,t-2}$ 表示其他影响企业家才能的解释变量集的二阶滞后项。η_t 表示省份固定效应，μ_t 表示年份效应，$\nu_{i,t}$ 是误差项。各变量具体计算方法见表 7 – 2。数据采用我国 2000—2009 年的省（区、市）际面板数据。[①] 数据来源于历年的《中国统计年鉴》《中国科技统计年鉴》《中国知识产权年鉴》。

表 7 – 2   变量名称及定义

名称	指标	定义
民营企业家区位熵	EIS	地区民营工业企业家丰度占全国比重，计算方式为：$EIS_i = (EIS_i/L_i)/(EIS/L)$
国有企业家区位熵	SOES	地区国有工业企业家丰度占全国比重，计算方式为：$SOES_i = (SOES_i/L_i)/(EIS/L)$
企业家狭义技术创新	PATENT	地区专利授权数取对数
企业家品牌创新	BRAND	地区商标申请数取对数
企业家广义自主创新	INNO	包括技术创新与品牌创新等，采用地区专利授权数与地区商标申请数的对数加权平均，权重各为 0.5
要素市场扭曲	FACTOR	各地区要素市场化滞后于总体市场化程度，计算方式为：$FACTOR = ($市场化总指数 $-$ 要素市场化指数$)/$市场化总指数
全要素生产率	TFP	采用索洛剩余法估算，资本存量采用永续盘存法核算[②]，资本存量计算方式为：$K_t = (1-\delta)K_{t-1} + I_t/P_t$
资本密集度	KOL	资本劳动比，资本为地区资本存量，劳动为地区就业总人口
出口占比	EX	地区出口总值占全国比重
地方政府干预	GOV	地区财政支出占全国比重

其中，在解释变量集中，年份效应是严格外生变量；被解释变量的一阶滞后项、要素市场扭曲程度、全要素生产率、资本密集度、出

---

① 西藏自治区和重庆市存在个别年份的数据缺漏，故从总样本中剔除这两个地方，实际估算地区为 29 个省（区、市）。由于市场化指数的数据最新更新到 2009 年，故笔者的研究范围为 2000—2009 年。上述数据结构为"大 N 小 T"结构，采用系统 GMM 来统计估计较为有效（Arellano & Bond，1995）。

② 资本存量的永续盘存法核算方式请参照张军（2004）的做法，其中基期为 1978 年，折旧率 δ 取 5%。

口占比和地方政府干预程度作为内生变量。在回归模型中进一步运用
collapse 技术来降低工具变量个数，以减少工具变量过多而引起的弱
工具变量问题所可能导致的估计偏误。根据 Arellano 和 Bond（1991）
提示，通过蒙特卡洛模拟表明采用两步估计法（two - step）比采用一
步估计法（one - step）在模型筛选方面更为有效，故本章采用两步估
计法进行估计。考虑到不同所有制下企业家才能的特征差异，以模型
1 和模型 2 分别表示以民营企业家才能和国有企业家才能为被解释变
量的回归模型。表 7 - 3 是要素市场扭曲影响企业家实现专业化分工
的分样本系统 GMM 估计结果。

　　回归结果显示，要素扭曲程度对不同所有制类别的企业家才能影
响有着显著差异。模型 1 各项解释变量统计特征均非常显著，并且分
别通过了差分方程残差的序列相关的 AR 检验和工具变量过度识别的
Hansen - J 检验等模型设定检验。从各项解释变量的回归系数来看，
要素市场扭曲对民营企业家才能呈现显著稳定的正向关系，表明要素
市场扭曲的制度结构反而促进了民营企业家实现专业化分工的深化。
这个结果是较为合理的。作为市场主体，企业家善于发现和利用市场
的"不均衡性"，从中获取商机、实现套利，即科兹纳意义上的企业
家。在转型经济下的中国，不少企业家善于捕捉并利用要素市场扭曲
这一"市场不均衡"的信息，适时利用"要素租"，从而实现企业内
和企业间专业化分工的深化。一个典型的现象是近些年来在我国东部
沿海这些民营企业家资源较为丰裕的地区存在若干各具特色的"内生
性"产业集群。这些内生性的产业集群以"弹性专业化"（flexible
specialization）为主要特征。[①] 群内企业家通过地理上的生产集聚，实
现技术、资源、管理、基础配套设施等诸多稀缺要素的共享和成本分
摊，有效降低群内交易费用，更好地实现知识和技术外溢，从而促进
生产力边际报酬的递增。通过内生性的产业集群，企业家积极地扩大

---

　　① "弹性专业化"来源于企业内部通过多功能的机器和适用能力强的劳动力实现多样
性、专门化的集约式生产以及企业间的竞争基础上的分工合作。参见 Piore 和 Sabel（1984）
和 Li Ke 等（2010）。

表 7 – 3 要素市场扭曲影响企业家实现分工深化的
SYS – GMM 估计结果

	模型 1 EIS		模型 2 SOES	
L. EIS	0. 752 ***	(0. 006)		
L. SOES			0. 477 ***	(0. 016)
FACTOR	0. 313 ***	(0. 037)	– 0. 600 ***	(0. 08)
TFP	– 13. 51 ***	(4. 268)	12. 32 ***	(3. 506)
KOL	0. 140 ***	(0. 027)	0. 261 ***	(0. 022)
EX	– 3. 857 ***	(0. 602)	5. 075 ***	(1. 431)
GOV	21. 63 ***	(2. 682)	– 23. 75 ***	(6. 084)
常数项	0. 133	(0. 234)	0. 449	(0. 283)
Arellano – Bond 检验				
AR（1）	P = 0. 017		P = 0. 231	
AR（2）	P = 0. 551		P = 0. 362	
汉森过度识别检验				
Hansen – J	P = 0. 996		P = 0. 999	
年份效应	显著		显著	
观测数	232		232	
省份	29		29	

注：模型 1 和模型 2 分别是以民营企业家才能和国有企业家才能为被解释变量的估计模型。其中，被解释变量的一阶及以上滞后项，解释变量的二阶及以上滞后项为差分方程的工具变量，被解释变量的一阶滞后项和解释变量的二阶滞后项的差分项为水平方程的工具变量。 *** 、 ** 和 * 分别表示在 1% 、5% 和 10% 的显著性水平上显著。括号内数值代表 t 值的标准误。

稀缺要素的共享面，在某种程度上抵消了要素扭曲或误置带来的负面影响，并构成一定的"倒逼机制"，通过将"要素租"进一步转化为"集聚租"，实现专业化分工的深化。对比而言，这样的"倒逼机制"对于国有企业而言却并不存在。其原因在于国企和民企在内生状况和外部约束方面均有所差异。国企的政府关联程度较强，企业家往往"坐享其成"各种渠道的政策优惠，故其才能无法得到充分显现。而在要素市场扭曲的制度背景下，国企的企业家利用要素租金的激励也相对较小。

回归结果进一步显示全要素生产率 TFP 增长并未显著促进民营企业家实现分工深化。根据郑京海（2008）、张小蒂（2011）基于中国各省（区、市）TFP 增长的研究，TFP 增长还可进一步分解为技术进步效应和效率进步效应。其中，全要素生产率增长所产生的效率进步效应要比技术进步效应小得多。这意味着我国地区全要素生产率增长对于民营企业家实现分工深化的效率提升的"拉动效应"并不明显。① 而资本密集度提升对民营企业家和国有企业家实现分工深化都有明显的积极影响。资本密集度提升表明随着参与分工的人均资本存量的增加，制造业的要素密集度逐渐由低附加值的劳动密集型向高附加值的资本、技术密集型"逆转"，产业结构进一步转型升级，企业生产效率和盈利能力获得显著提升。此外，回归结果显示出口并未促进民营企业家才能的积极发挥，甚至造成某种程度的"负向激励"效应。该结果与文献结论一致，即企业家可能将要素扭曲的租金进一步转化为出口优势。然而，这样的出口优势尽管在短期内会带来企业利润增长，但从长期来看并不利于企业家才能的持续优化和拓展。当前，我国的民营企业参与国际分工的形式主要以劳动密集型产品的加工和制造为主，民营企业家往往密集使用丰裕而廉价的要素资源，最终易陷入低成本要素竞争的"低端锁定"状态。同时，民营企业家出于寻求政策优惠的目的"参政议政"，进一步加强"政治关联"，成为某种意义上的政策"寻租者"。其非生产型活动的投入进一步影响企业生产效率的提升。对比而言，国有企业以资本、技术密集型商品或大宗商品出口为主，企业家寻求要素扭曲的低成本优势的激励也相对更小些，因此国有企业的出口利润可以更好地转化为企业家的经营回报。

此外，结果也显示，地方政府财政支出有利于民营企业家实现专

---

① 全要素生产率对企业家才能促进的技术进步效应将在后面进一步详细证明。而要素市场扭曲本身也会导致全要素生产率的降低（Hsieh & Klenow，2009）。

业化分工的深化。近年来，中央政府出台的"非公三十六条"及地方政府促进民营经济发展的一系列政策表明，政府通过进一步放低民营企业的市场准入门槛，给予民营企业在资金、技术和资源获取上更多的政策优惠以及更为完善的产权保障，将有利于民营企业的持续发展和企业家才能的积极发挥。而对于国有企业而言，地方政府财政支出的增加则可能阻碍其企业家才能的发挥。Shleifer 和 Vishny（1998）的研究表明，转型经济体中的政府很有可能扮演"支持之手"或"掠夺之手"。显然，政企之间存在"耦合共生"的利益关系。地方政府应逐步消解政策性歧视，对民营企业多伸"支持之手"，对国有企业应引入竞争机制，强化"无为之手"，避免"掠夺之手"，从而更好地发挥不同所有制下的企业家才能。

二　要素市场扭曲对企业家实现自主创新的影响

企业家才能的正向配置除了体现为促进专业化分工的深化，还体现为自主创新能力的提升。而企业家的创新才能不仅包含狭义的技术创新，还应包含熊彼特意义上的"要素整合创新"。企业家通过对资金流、技术流、人才流、信息流的糅合，实行生产要素的重新配置与组合。实际上，企业家创新也可视为企业家寻求"经济租"的过程，这样的"创新租"有两种类型。一种为"李嘉图租金"，即企业家才能表现为实现专利和产权保护，并使其难以被模仿和复制的组织才能；另一种为"马歇尔租金"，即企业家才能表现为一定时期内构建品牌优势的组织才能。① 故为衡量企业家基于要素重组的创新能力，笔者在以专利授权数为表征的狭义技术创新能力和以商标申请数为表征的品牌创新能力基础上构建企业家广义自主创新能力，具体计算方式见表 7 - 2。在模型构建中分别以企业家的狭义技术创新、品牌创新和广义自主创新能力来衡量企业家的创新才能，并以之作为被解释变量，考察要素市场扭曲的制度结构与其他因素可能对企业家创新构成的影响。考虑到企业家创新具有时间上的"循环累积因果效应"，故

---

① Henrekson Magnus, "Entrepreneurship and Institutions", *Comparative Labor Law and Policy Journal*, 2007（28）: 717 - 742.

将企业家创新变量的滞后一期纳入解释变量集，仍采用系统 GMM 估计方法进行估计。模型构建如下。

$$PATENT_{i,t} = \alpha'_0 + \alpha'_1 \times PATENT_{i,t-1} + \alpha'_2 \times FACTOR_{i,t-2} + \beta' \times Z_{i,t-2} + \eta_t + \mu_t + \nu_{i,t} \tag{7.3}$$

其中，控制变量 $Z_{i,t-2}$ 的集合为：

$$Z_{i,t-2} = \beta'_1 \times TFP_{i,t-2} + \beta'_2 \times EX_{i,t-2} + \beta'_3 \times GOV_{i,t-2} \tag{7.4}$$

其中，η_t 表示省份固定效应，μ_t 表示年份效应，$\nu_{i,t}$ 是误差项。表 7 - 4 是要素市场扭曲影响企业家自主创新的系统 GMM 估计结果。

表 7 - 4　　　　要素市场扭曲影响企业家实现自主创新的 SYS - GMM 估计结果

	模型 3 PATENT		模型 4 BRAND		模型 5 INNO	
L. PATENT	0.943 ***	(0.03)				
L. BRAND			0.978 ***	(0.064)		
L. INNO					0.971 ***	(0.033)
FACTOR	- 0.195 ***	(0.053)	- 0.078 **	(0.034)	- 0.201 ***	(0.033)
TFP	3.166 ***	(4.227)	- 1.722	(2.304)	5.483 ***	(1.451)
EX	- 3.634 ***	(1.136)	- 2.679 **	(1.005)	- 2.514 ***	(0.647)
GOV	18.720 ***	(4.19)	10.070 ***	(3.12)	10.530 ***	(2.32)
常数项	- 0.182	(0.375)	0.830 **	(0.363)	0.192	(0.287)
Arellano - Bond 检验						
AR（1）	P = 0.020		P = 0.001		P = 0.000	
AR（2）	P = 0.124		P = 0.617		P = 0.053	
汉森过度识别检验						
Hansen - J	P = 0.998		P = 0.999		P = 0.976	
年份效应	Sig.		Sig.		Sig.	
观测数	232		232		232	
省份	29		29		29	

注：模型 3、模型 4 和模型 5 分别是以企业家狭义技术创新、品牌创新和广义自主创新为表征的企业家才能为被解释变量的估计模型。其中，被解释变量的一阶及以上滞后项，解释变量的二阶及以上滞后项为差分方程的工具变量，被解释变量的一阶滞后项和解释变量的二阶滞后项的差分项为水平方程的工具变量。***、** 和 * 分别表示在 1%、5% 和 10% 的显著性水平上显著。括号内数值代表 t 值的标准误。

表7-4是回归结果，模型3、模型4和模型5分别表示以企业家狭义技术创新、品牌创新和广义自主创新能力为被解释变量的回归模型。模型设定基本通过了差分方程残差的序列相关的 AR 检验和工具变量过度识别的 Hansen-J 检验，各项解释变量的统计意义均较为显著。从结果来看，要素市场扭曲阻碍企业家的创新激励，不仅影响企业家的狭义技术创新，还影响企业家实现品牌创新及广义自主创新。具体而言：首先，要素市场扭曲的制度结构下存在知识产权等产权保护机制的缺位，这在很大程度上会抑制企业家的创新动力，产生创新的"逆向选择"。由于创新过程具有很强的技术外溢特征，不少具备创新意愿的企业因面临高额的研发成本、不确定的市场前景和创新成果被其他企业复制和"搭便车"的高风险，而无法将实验室创新成果有效转化为商业应用和商业利润。由于创新成本无法得到有效补偿，导致创新市场呈现"劣币驱逐良币"的"柠檬市场效应"。其次，要素市场扭曲的制度结构下存在潜在的信息不对称和道德风险问题。信号发送机制和信息甄别机制的失灵导致企业家在减少研发投入的同时选择以模仿创新为主，以达到降低研发风险和节约研发成本的目的。而产品研发设计往往以有形商品的研发为主，以外观设计创新所占比重较大，真正的发明创新很少。最后，要素市场扭曲使企业家在"逐利"和"寻租"的两难冲突之下被动选择资本、技术等稀缺要素节约型的生产模式。由于忽视了产业链价值高端的研发、设计、服务等环节，企业家无法有效地将"要素租"转化为"创新租"，更无法构建创新的垄断势力和品牌价值。久而久之创新过程易陷入低端循环的"囚徒困境"，自主创新绩效显著降低。

此外，全要素生产率 TFP 对企业家的狭义技术创新和广义自主创新的影响为正，并且统计意义显著。根据上面所述，中国全要素生产率增长以技术进步效应为主导。表明全要素生产率增长的技术进步效应有利于促进企业家自主创新。出口增长对企业家的狭义技术创新、品牌创新和广义自主创新的影响显著为负，表明多数企业并未从"出口中学"（learning-by-exporting）中获得技术外溢效应。出口企业参与加工贸易获取的"微利"无法转化为向价值链高端攀升的动力。

结果还表明，政府的财政支出对于企业家创新的正向促进效应相当显著。主要原因在于：一方面，地方政府通过各种形式的资金支持、税收减免等措施缓解企业的融资约束，有助于企业更好地强化产业链上游的研发创新和产业链下游的市场创新，并通过两者的有效"互动"和"协同"提升广义自主创新绩效；另一方面，地方政府可通过知识产权保护等产权制度的逐步完善实现创新相关方利益边界的明晰化，充分激活企业家的创新潜能，形成创新的"正反馈机制"。

第五节　本章小结

在中国要素市场扭曲这一独特的制度结构下，企业家才能的配置主要体现为生产型活动和非生产型活动两种。前者表现为积极的"逐利"动机，可促进产业内专业化分工的深化和企业自主创新的实现；后者表现为消极的"寻租"动机，通过将扭曲租金转化为出口优势，影响比较利益的进一步获取。本章基于经验证据的结果表明：短期内，要素市场扭曲可能会产生某种"倒逼机制"，促使企业家将"要素租"转化为"集聚租"，进而实现专业化分工的深化；长期来看，要素市场扭曲却会抑制企业家进行技术创新和品牌创新的动力和能力，"要素租"无法有效转化为"创新租"，从而制约企业自主创新能力的持续提升。

上述论证表明，企业家才能的配置、优化和拓展亟须市场化导向的制度改革和有效的政府治理。司马迁在《史记·货殖列传》中描述政府治理应是"其善者因之，其次利导之，其次教诲之，其次整齐之，最下者与之争"。显然，有效的政府治理在于因势利导。地方政府通过给予企业更多的资金支持、政策优惠以及更为完善的产权保障，可进一步释放和激活企业家的创新潜能，实现政企关系的"激励相容"；同时，地方政府应合理规制治理边界，减少对要素资源的配置权、定价权的过多干预，以市场供求决定要素价格。中央政府"十二五"规划强调，经济体制改革的核心是发挥市场在资源配置中的决定性作用。因此，全面加快和推进要素市场的市场化进程，构建较为完善的制度结构有利于企业家才能的正向配置和内生性拓展；并可促进我国的经济发展模式从要素驱动向效率驱动、创新驱动转变，进而扭转我国企业在国际分工中的不利地位，实现动态比较利益的有效增进。

第八章 结论和启示

在全球化进程中，我国为了迎接激烈的国际市场竞争，必须更好地发挥自己的比较优势。而仅凭劳动力等初级要素参与国际分工会面临技术的"低端锁定"，易落入"比较优势陷阱"。化解这一困境亟须高度关注企业家才能这一隐性的稀缺生产要素。企业家才能具有要素边际报酬递增的生产力属性，是影响社会分工深化程度的动力源因素。在现有文献的研究基础上，本书立足于分析企业家人力资本不同于一般人力资本的异质性特征，并将两者相分离，构建生产函数的综合分析框架，考察其对内生技术进步的影响作用。同时，揭示与论证市场规模的有效扩大可作为企业家才能拓展和动态比较优势增进的关键纽带，通过对该纽带的定量分析进一步明晰两者的"互动"作用与实现途径，以此拓展比较优势的理论内涵，增强其现实解释力，从而为全球化中扭转国际分工不利地位，提升国际竞争力提供具有针对性和可操作性的对策和建议。本章主要是概括本书的主要研究结论，并提出相应的研究启示与政策建议。

第一节　主要结论

由于静态比较优势理论以资源禀赋优势或是要素禀赋优势的利用为特征，对于中国而言，若照搬上述理论极易使经济发展停滞在过度依赖廉价劳动力和自然资源的阶段，落入"比较利益陷阱"。而亚当·斯密的比较优势理论由于强调基于专业化报酬递增的社会分工，因此具有动态和内生的特征，可以更好地指导中国当前的经济发展。

"遵循比较优势的发展战略,不仅资本可以得到更快的积累,而要素禀赋结构也能够得到较快的提升。企业根据价格变动自动调整产业和技术结构,可以实现动态比较优势"(林毅夫,2003)。然而,上述"自然"升级的前提是成熟的市场机制和准确的价格信号,对处于经济转型与发展中的中国来说,比较优势从时点上的"静态"向时期中的"动态"进行切换会面临显而易见的信息障碍,因此产业和技术结构升级实际上难以"自动"实现。要化解上述现实障碍,将理论上的比较优势转化为现实中的比较利益亟须寻求真实世界中的传导机制。无疑,企业家才能便是上述"转化"的关键主体。然而,转型经济中的企业家才能往往处于"隐性"与"半隐性"状态,企业家创新依然面临动力和能力上的不足。本书尝试从内生技术进步的视角切入,从以下几个方面论证企业家才能拓展的可行途径:

其一,基于"技术引进"的深入理解。企业家从引进国外成套设备的过程中可以获取一定的先进技术和管理经验,因此通过对此类技术内嵌型资本的利用,企业生产绩效和技术转型可以实现较快程度的显著提升。企业家不是被动接受"先进技术",而是主动寻求与本地要素禀赋相匹配同时又容易被消化吸收和利用的先进"适宜技术"。由于全要素生产率提升可以作为内生技术进步和内生比较优势增进的衡量指标,由此,本书第四章将技术内嵌型资本纳入生产率核算体系的同时,以全要素生产率为因变量,进一步考察企业家人力资本和一般人力资本对内生技术进步和比较优势增进的不同影响程度。结果发现,当前我国东部地区的全要素生产率增长以技术进步为主,效率进步不够。以企业家才能为主要体现的人力资本对区域创新与经济增长的推动作用要显著高于用一般受教育程度来衡量的人力资本。企业家通过对先进适宜技术的选择和对技术内嵌型资本的利用,有利于进一步促进产业结构转型升级与区域经济持续增长。

其二,基于"创新"的深入理解。"创新"不仅包含新技术的发明创造,还包含新市场开拓等商业利用过程。本书第五章将企业家创新与一般技术人员创新的特征差异进行比较分析,揭示企业家创新的实质是"一揽子要素"的优化配置。企业家通过指导顺市场导向的创新，在研发风险与市场需求中"动态"地寻找平衡点，并在成本约束的条件下主动做出判断，从而能实现技术创新与要素整合创新的良性互动。因此，企业家创新要高于一般专业人员的单纯技术创新。由于企业家的管理才能与诀窍利用往往以"隐含知识"的状态存在，故将其纳入一般知识生产函数的分析框架是一大理论拓展。从另一层面来看，创新体系不仅包含以专利为体现的狭义技术创新，还应包括品牌、知识产权在内的广义技术创新。实证结果显示，企业家才能的拓展有利于区域范围内的品牌建设提升与知识产权构建，并提升企业所生产产品的核心竞争力与市场势力，促进比较优势的增进。然而，企业家创新往往囿于地域的局限。因此，当市场规模因素被纳入创新绩效影响的分析框架中时，结果证明，企业家才能与市场规模扩大的协同效应更能够促进区域整体创新绩效的提高，有利于进一步实现生产技术前沿面的推进。

其三，对比较优势增进"测度"上的改进。现实中的比较优势增进存在计量测度上的困难，而企业家才能拓展作为比较优势增进的内生动力源，其与比较优势动态增进的联系及"互动"的关键纽带值得进一步研究。本书第六章揭示市场规模的有效扩大可促进社会分工深化，而后者是比较优势增进的内生体现。因此，将市场规模的有效扩大作为联系纽带具有一定的可行性与可操作性。而市场规模的扩大可以用潜在购买力提升来估计，潜在购买力可以用具有流量性质的收入指标和具有存量性质的财富指标来衡量。实证结果显示，采用具有存量性质的财富指标来估计比采用具有流量性质的收入指标来估计具有更好的显示度。通过进一步借鉴人力资本的尼尔森—菲尔普斯作用机制和卢卡斯作用机制，将企业家人力资本纳入两类不同生产函数的分析框架中，并应用随机前沿生产函数模型和C—D生产函数模型的构建来考察企业家人力资本拓展对比较优势增进的影响。研究发现，企业家人力资本的拓展可推动市场规模的显著扩大，而后者又能促进前者的进一步拓展，两者的良性互动有利于实现比较优势的动态内生性增进。

其四，对企业家才能的拓展与动态比较优势效率增进的深入理解。对转型国家而言，从事当前并不具备比较优势，但具有潜在生产率水平的专业化分工依然可以获取后天的比较优势，而人力资本"干中学"效应有利于内生比较优势的实现。随着专业化分工的深化，技术得到进一步扩散，但只要存在一定的创新动力，"干中学"效应依然可以持续实现。这又会促进下一轮技术扩散和创新的实现，两者的良性互动使比较优势进一步实现动态和内生的增进。本书第六章进一步比较一般人力资本和企业家人力资本两类人力资本如何通过本土创新与技术扩散的共同作用来影响潜在生产率增长水平。结果发现，企业家人力资本的本土创新效应和技术扩散效应都高于一般人力资本。企业家人力资本的时空配置及技术扩散的梯度转移有利于进一步重塑生产技术前沿，促使生产率持续增长与比较优势动态增进。

其五，对外资、民企、国企三者关系的重新审视。外商直接投资FDI对我国经济发展呈现明显的"两面性"特征，对其作用应进行多层次分析。一方面，外资对我国经济发展存在积极的技术外溢和示范效应，有利于促进本土企业进一步掌握国外先进技术与管理经验，其绩效可表现为正效应；另一方面，过度依赖外资会阻碍内资企业通过研发来缩小与国际先进技术水平之间差距的努力，而 Poncet 等提出的"政治啄食理论"也表明，中国的外资企业对国有企业尤其是民营企业在信贷配给及资源利用上都存在一定程度的"挤出"效应，因此其绩效可表现为负效应。本书将 FDI 作为单独变量引入模型后发现，FDI 存在一定的正面积极效应；而将其与民营企业家变量的连接作用引入模型后发现，连接变量对经济增长的总体影响为负，表明外资可对我国民营企业造成挤出和替代，并阻碍企业家才能的发挥。而实际上，外资的两面性特征还与经济发展的"阶段性"有关。第四章的研究结果表明，在经济开放发展的初级阶段，FDI 的"溢出"效应要大于"挤出"效应。而在经济开放与发展程度相应提高的后续阶段，FDI 发挥的"挤出"效应要大于"溢出"效应。由于当前东部先发地区的经济发展程度显然处于后续阶段，因此负面"挤出"效应表现得更为显著。此外，民营企业与国有企业的资源配置也有所不同，第四章的相关实证表明，两者在市场准入方面的差异会影响民营企业利润基的扩大与进一步的研发创新。由于当前民营企业在高端的服务业、制造业，如电信、金融、研发、基础设施建设、装备制造业等行业依然面临"玻璃门"或"弹簧门"等有形或无形的进入壁垒。进一步拓宽民营企业的市场准入门槛，使其在更大的市场规模中引发"鲇鱼效应"，一定程度上可矫正国有企业的"X—非效率"现象。因此把握好民企、国企和外资三者的关系，有利于资源配置的优化与宏观经济的稳定运行。

第二节　政策启示

不容忽视的是，当前企业家才能的拓展依然面临现实中的困境。从国际形势来看，当前我国以劳动力初级要素参与国际价值链分工，处于"微笑曲线"的低端，在国际市场上缺乏一定的"市场势力"，成为价格的接受者（price taker）。而发达国家往往处于价值链分工的高端，通过掌握微笑曲线中附加值较高的研发与销售环节来实现高额利润。当前，这样的"市场势力"缺失往往体现在较为隐蔽的中间品渠道控制环节。发达国家通过中间品（如零部件等有形产品或知识产权等无形产品）的渠道控制与转移定价，成为国际市场上价格的制定者（price maker）。其次，国际上新兴经济体的出现使我国面临的国际竞争日益加剧。此外，各国经济周期和经济波动的影响使国际市场上交易风险进一步增加，而人民币升值的压力在短时期内无法释放会进一步压缩出口产品的利润空间，因此，我国依靠初级生产要素参与国际价值链分工的弊端凸显，比较优势无法进一步转化为比较利益。

从国内形势来看，当前我国经济处于经济转型过程中。一方面，市场机制不完全与信息不对称导致要素比价的扭曲，体现在土地、劳动力、资源、环保和税收等一系列要素的扭曲性低价格上。另一方面，影响企业经营成本的除内部要素成本以外，还存在与制度相关的外部的交易成本。交易成本往往处于隐性状态，包括市场化程度、产业配套环境、政府效率与税率、基础设施和法制化水平等。交易成本的持续高企以及地区间普遍存在的市场分割现象导致国内有效需求无法实现进一步拓展。有学者进行过估计，国内交易成本几乎是国外的6—7倍。当前多数企业需要支付的高额交易成本大多体现在营销的渠道成本上。而随着早期企业家创业所依赖的人口红利、资源红利和环境红利等内部要素红利的衰减，不少企业在微利中挣扎求生，利润受限的制约使再投资的资金保障有所不足，这就导致大量中小企业"一哄而起"，过度进入低技术门槛和低产品附加值的行业，形成成本降低型的恶性竞争状态，"一荣俱荣，一损俱损"，最终造成"产能过剩"的制造业危机。因此，企业家即便拥有一时的创新意愿，也无法积累"熊彼特式"的垄断利润，从而缺乏持续创新的动力和能力，最终陷入等待、观望、裹足不前的"囚徒困境"。由于低成本竞争使自主创新的内在动力受到抑制，大量企业转而投资虚拟经济而非实体经济来寻求生机。有资料显示，"与国外企业更愿意寻求进行产品创新和商业创新不同，中国企业反而更愿意寻求制度创新或是政策'寻租'"。显然，企业的投机性动机会再次增加市场的系统性风险，使其后续的生存与创新变得越发艰难。

一 政府作用

企业家才能的拓展与比较优势的增进需要进一步深化政府体制改革。转型时期的政府在信息、协调和促进制度演化等可能出现市场失灵的方面应该发挥比"守夜人"更为积极的角色。政府对比较优势增进的作用在于：首先，政府根据信息的半公共品性质，可以收集和处理关于符合本地比较优势及其变化的产业、技术和新产品市场潜力等信息，对企业提供支持；其次，通过财政支持补偿企业进行产业和技术创新所面临的外部性，增加外部经济，提升企业经营活动的社会收益率；再次，尽可能降低与消除行业进入壁垒，提升企业家"干中学"的效率；最后，政府通过鼓励和组建具有内在凝聚力的协会和商会可保障企业通过重复博弈实现合作博弈的组织制度框架。对政府的角色定位还应进一步厘清以下几个方面的关系：

其一，处理好"有限"政府与"有效"市场的关系。

由于存在垄断、外部性、公共产品、信息不完全等问题导致市场失灵，使自由市场并不总是能够导致以社会有效价格生产社会有效数量的产品，这就要求政府与市场相结合发挥更大的作用。然而，政府若规定过多的市场准入限制，掌握过多的资源配置权和定价权，就会抑制市场在资源配置中的基础性作用，造成价格机制在传递信息、提供激励和决定收入分配三者关系中的基本功能紊乱，引致经济结构扭曲的负向效果，导致"政府病"的产生。因此，应合理界定政府与市场的治理边界，让市场在资源配置中发挥基础性作用，让竞争产生效率。

其二，处理好政府与企业的互动关系。

司马迁在《史记·货殖列传》中指出，政府治理的作用在于"其善者因之，其次利导之，其次教诲之，其次整齐之，最下者与之争"。表明政府对企业的合理规制为因势利导。转型经济下的中国同时存在国有、民营、外资三种所有制形式的企业，政府应对三类不同企业实行适当的诱导性激励机制，促进企业微观效率的提高。当前民营经济占经济总体比重的90%以上，占据市场经济的主体地位。然而，民营经济目前大多集中在低成本和低技术的劳动密集型行业，在高端的服务业、制造业，如电信、金融、研发、基础设施建设、装备制造业等行业依然面临看得见进不去的"玻璃门"或进得去又被挤出来的"弹簧门"等有形或无形的进入壁垒。应该看到，高端行业目前大多被国有企业占据或垄断，而国有企业本身仍然存在"X—非效率"等问题，会对市场机制的"自动筛选"造成一定的干扰。而进一步拓宽民营企业的市场进入门槛，鼓励民企通过参股控股的方式有序进入垄断行业，则有利于引发"鲇鱼效应"，进一步激活国企和民营的经营效率，形成两者"互嵌式"的激励相容利益纽带。此外，政府对外资的利用和引导作用也不容忽视。在过去十年中，外资通过"技术外溢"和"示范效应"促进了东部沿海地区的经济增长，但应该看到，其负面效应也逐步凸显。各地政府在招商引资方面竞相给予外资"超国民待遇"等过度竞争行为造成对本土企业尤其是民营企业在资源和政策利用方面的"挤出"和"替代"。因此，政府应该合理引导和利用外资，发挥其正面积极效应，发挥其对本土企业的"示范效应"，促进三种所有制经济的和谐发展。概括来说，政府的角色定位应该是限制"掠夺之手"，强化"看得见的手"，多伸"支持之手"。

二 制度保障

企业家才能的拓展与比较优势的增进还应进一步深化市场化取向的制度改革。正如萨伊所言："安稳地享用自己的土地、资本和劳动的果实乃是诱使人们把这些生产要素投入生产用途的最有力动机。"①对处于转型过程中的中国来说，制度改革对企业家才能的拓展呈现明显的"阶段性"特征。在改革开放之初，市场化体制改革能实现企业家资源的激活与初步甄别；随着市场化进程的逐渐深入，企业家资源得到进一步的筛选与渐进成长；而随着外部环境的逐步改善，良好的制度安排能促进企业家优化资源配置的能力持续提升，企业家潜能充分发挥。对市场化导向的制度变迁的基本作用应着重从以下两个方面去理解：

其一，通过市场化体制实现"隐性"企业家才能的激活。

理论比较优势转化为真实世界中的现实比较利益的关键"转化主体"是企业家。企业家才能是转型时期的高级生产要素，但在真实世界中往往处于"隐性"和"半隐性"状态，不容易得到社会的发现与重视。值得强调的是，企业家才能其实并不是一个既定不变的常量，而是一个变量，具备"可变性"与"可塑性"的特征。这就意味着企业家才能的发挥往往在很大程度上取决于外部环境的变化。由于市场化进程的不断加快有利于潜在企业家精神的发现，并可为潜在的企业家提供"试错"与"纠偏"的机会。因此，良好的市场化体制可为企业家精神的发挥提供一个自我试错、自我甄别、社会发现的"显化"途径。

其二，通过市场化体制实现对企业家创新的支持。

哈耶克曾指出："要使竞争发挥作用，尤其依赖于一种适当的法律制度的存在，这种法律制度的目标在于既维护竞争，又使竞争尽可能有力地发挥作用。法律仅仅承认私有财产和契约自由是根本不够

---

① 参见萨伊《政治经济学概论》，陈福生、陈振骅译，商务印书馆1963年版。

的，它更有赖于对适用于不同事物的财产权的明确规定。"① 市场化导向的体制改革主要体现为产权的界定和保护、合同的实施、适当的监管等。其中产权明晰是关键，主要体现为产权保护、专利保护等一系列正式制度安排。创新产品具有极强的外部效应，并且创新所产生的社会收益率要远高于私人收益率，因此，企业自主知识产权保护制度与执行机制的建立与完善是维持持续创新的关键。当前我国知识产权保护制度的缺位造成不少企业陷入"技术模仿—套利—低成本竞争"的困境。企业不愿承担自主研发的沉没成本与市场风险，因此一旦地方上或集群内部某一企业引进某项新产品或新技术，其他企业迅速"扎堆式"的模仿与复制，所生产的产品表现为相似性或同质化，企业最终陷入低价竞争的怪圈。因此，企业创新和产权保护两者实际上具有耦合共生的关系。良好的产权保护可为企业的持续创新提供内生的动力机制、盈利机制和再投入的保障机制。

市场化体制不仅包括产权保护等正式制度安排，还包括社会信用体系建设、企业家文化的传播、企业家责任的信仰支持和社会道德建设等非正式制度安排。其中，社会信用体系建设是非正式制度安排的核心与重点。当前我国的金融体系发展相对滞后，金融抑制现象较为普遍。这就意味着不少民营企业面临信贷配给式的外部融资约束困境。下游企业的销售环节或外部经销商拖延货款还会进一步纵向传递到上游企业。社会信用体系的缺失会严重干扰关联企业资金的正常运转与正常组织，可能造成本土企业自主创新能力和产业升级能力的"集体缺失"。诺斯指出："制度变迁本身存在着报酬递增和自我施化的机制，而这种机制使制度变迁一旦走上某一条路径，它的既定方向会在以后发展中得到自我强化。"这表明，制度变迁存在极强的路径依赖性，通过适当的引导，使其走上良性循环的轨迹并得到迅速优化，则可实现"正反馈效应"。因此，企业家社会资本和信任资本的建立与企业家人力资本的积累两者不可偏废。对有利于企业家才能显

---

① 参见弗里德里希·奥古斯特·哈耶克《通往奴役之路》，王明毅、冯兴元等译，中国社会科学出版社 1997 年版。

化、激活与拓展的"多重激励相容"的制度安排在经济发展及绩效体现中所起的作用应给予进一步重视与发扬。

2017 年 9 月，中共中央、国务院正式出台了《关于营造企业家健康成长环境 弘扬优秀企业家精神 更好发挥企业家作用的意见》，强调营造企业家健康成长环境、弘扬企业家精神，更好发挥企业家作用，对深化供给侧结构性改革、激发市场活力、实现经济社会持续健康发展具有重要意义。著名经济学家厉以宁教授发表的《中国发展需要弘扬优秀企业家精神》①一文，全面深刻解读了意见精神，即进一步强调依法加强企业家财产保护、形成促进企业家形成的公平市场环境、健全企业家诚信经营的激励约束机制，为企业家创新创业营造良好的社会氛围的重要性。当前中国经济正处于向工业化、信息化和市场经济"双重转型"的时期，两种转型的叠加导致传统的数量型和速度型的经济发展方式转变为效益型和质量型的经济发展方式。这使供给侧结构性改革必然成为当前改革的重中之重。而体制改革则成为结构性改革的重点，即淘汰落后产能，并实现科技创新、体制创新、管理创新、营销创新，促进制造业、农业、服务业共同发展。在这一进程中，企业家才能的合理配置与拓展成为推进供给侧结构性改革、促进经济持续稳定发展的重要推动力。在这样的时代与政策背景下，本书聚焦企业家才能的合理配置与拓展，强调激发企业家的创新潜能和优化企业家的创新创业环境对于企业家拓展创新空间、持续推进产品创新、技术创新、商业模式创新、管理创新、制度创新的重要性，同时深入论证企业家才能的配置对于转型时期比较优势动态演进的作用机理与实现途径，以期为当前及未来中国经济的持续发展提供可供借鉴的理论视角。

---

① 参见厉以宁《中国发展需要弘扬优秀企业家精神》，原文发表于《人民日报》2017年 9 月 26 日。

参考文献

[1] Acemoglu D. , Zilibotti F. Productivity Difference [J]. Quarterly Journal of Economics, Vol. 106, 2001, 2, pp. 563 – 606.

[2] Acemoglu D. Patterns of Skill Premia [J]. The Review of Economic Studies, Vol. 70, 2003, pp. 199 – 230.

[3] Acemoglu D. Reward Structure and the Allocation of Talent [J]. European Economic Review, 1995, 39 (4), pp. 17 – 33.

[4] Aghion P, Howitt P. A Model of Growth through Creative Destruction [J]. Econometrics 60, 1992, pp. 1323 – 1351.

[5] Aghion P. , Harris, C. Howitt, P. and Vickers, J. Competition, Imitation and Growth with Step – by – Step Innovation [J]. Review of Economic Studies, 2001, 68, pp. 467 – 492.

[6] Aghion P. , Bolton P. An Incomplete Contracts Approach to Financial Contracting [J]. Review of Economic Studies, 1992, 59, pp. 473 – 494.

[7] Aigner, D. J. , C. A. Klovell & Schmidt. Formulation and Estimation of Stochastic Frontier Production Functions Models [J]. Journal of Econometrics, 1977 (6), pp. 21 – 37.

[8] Alchian, A. , Demsetz, Harold. Production, Information Costs, Economic Organization [J]. American Economic Review, 1972, 62, pp. 777 – 795.

[9] Alfaro L. , Chanda A. , Kalemli D. S. , Sayek S. FDI Spillover, Financial Markets and Economic Development [J]. IMF Working Paper, 2003, No. 186.

[10] Alfaro L. , Charlton A. International Financial Integration and Entrepreneurship [J] . CEP Discussing Paper, 2006, No. 755.

[11] Allen, Qian. Law, Finance and Economic Growth in China [J] . Journal of Financial Economics, 2005, 77, pp. 57 – 116.

[12] Arellano, M. and O. Bover. Another Look at the Instrumental Variables Estimation of Error – components Models [J] . Journal of Econometrics, 1995 (68), pp. 29 – 51.

[13] Arellano, M. , S. Bond. Some Tests of Specification for Panel Data: Monte Carlo Evidence and an Application to Employment Equations [J] . Review of Economic Studies, 1991, 58 (2), 277 – 297.

[14] Baldwin, R. E. Heterogeneous Firms and Trade: Testable and Untestable Properties of the Melitz Model [J] . NBER Working Paper, 2005, No. 11471.

[15] Basu S. , Weil D. Appropriate Technology and Growth [J] . Quarterly Journal of Economics, 1998, 113 (4), pp. 1025 – 1054.

[16] Battese, E & Coelli, T. A Model of Technical Inefficiency Effects in Stochastic Frontier Production for Panel Data [J] . Empirical Economics, 1995 (20), pp. 325 – 332.

[17] Baumol W. J. Entrepreneurship: Productive, Unproductive, and Destructive [J] . Journal of Political Economy, 1990, 98 (5), pp. 893 – 921.

[18] Baumol. W. J. Education for Innovation: Entrepreneurial Breakthroughs vs. Corporate Incremental Improvements [J] . NBER Working Paper, 2004, No. 10578.

[19] Belton Fleisher, Haizheng Li & Min Qiang Zhao. Human Capital, Economic Growth, and Regional Inequality in China [J] . Journal of Development Economics, 2010 (92), pp. 215 – 231.

[20] Benhabib, J. & Mark Spiegel. The Role of Human Capital in Economic Development, Evidence from Aggregate Cross – Country Data [J] . Journal of Monetary Economics, 1994 (34), pp. 143 – 173.

[21] Bernard, Andrew B. , Jonathan Eaton, J. Bradford Jensen, and Samuel S. K. Plants and Productivity in International Trade [J] . American Economic Review, 2003, 93 (4), pp. 1286 – 1290.

[22] Bernard, Andrew B. , J. Bradford Jensen, and Peter K. Schott. Trade Costs, Firms, and Productivity [J] . Journal of Monetary E-conomics, 2006, 53 (5), pp. 917 – 937.

[23] Bernard, Andrew B. , Stephen J. Redding, and Peter K. Schott. Multi – product Firms and Product Switching [J] . NBER Working Paper, 2006, No. 12293.

[24] Bernard, Andrew B. , Stephen J. Redding, and Peter K. Schott. Comparative Advantage and Heterogeneous Firms [J] . Review of Economic Studies, 2007, 74 (1), pp. 31 – 66.

[25] Blundell, R. and S. Bond. Initial Conditions and Moment Restrictions in Dynamic Panel Data Models [J] . Journal of Econometrics, 1998 (87): 111 – 143.

[26] Burns T. , Stalker G. M. The Management of Innovation [M] . London: Tavistock, 1961.

[27] Casson M. The Entrepreneurial: An Economic Theory [M] . Oxford: Martin Robertson, 1982.

[28] Casson, F. Cultural Determinants of Economic Performance [J] . Journal of Comparative Economics, 1993, 17 (2), pp. 418 – 442.

[29] Chaney, Thomas. Liquidity Constrained Exporters [M] . Mimeo, University of Chicago, 2005.

[30] Cheung, S. The Contractual Nature of the Firm [J] . Journal of L aw and Economics, 1983, 26 (1), pp. 1 – 22.

[31] Claessens, Stijn and Tzioumis, Konstantinos. Measuring Firms. Access to Finance [M] . Mimeo, World Bank and Brooking Conference Paper, 2006.

[32] Clerides S. KLach, S. and Tybout, J. R. Is Learning by Exporting Important? Micro – dynamic Evidence from Colombia, Mexico, and

Morocco [J]. Quarterly Journal of Economics 1988, CXIII, pp. 903 – 947.

[33] Coase, Ronald. The Nature of the Firm. In Coase 1988, The Firm, The Market, and The Law [M]. Chicoge: The University of Chicago Press, 1988, pp. 33 – 55.

[34] Cole, M. A, Elliott, R. J. R. and Viraku S. Firm Heterogeneity, Origin of Ownership and Export Participation [J]. The World Economy, 2010, 33 (2), pp. 264 – 291.

[35] De Locker, Jan. Do Exports Generate Higher Productivity? Evidence from Slovenia [J]. Journal of International Economics, 2007, 73 (1), pp. 69 – 98.

[36] D. Rodrik What So Special about China's Exports? [J]. China & World Economy, 2006, 14 (5), pp. 1 – 19.

[37] Delong B. J., Summers L. H. Equipment Investment and Economic Growth [J]. Quarterly Journal of Economics, 1991, 106 (2), pp. 455 – 502.

[38] Dewatripoint M., Tirole J. A Theory of Debt and Equity [J]. Quarterly Journal of Economics, 1994, 109 (4), pp. 1027 – 1054.

[39] Dixit A. K, Joseph E. Stiglitz. Monopolistic Competition and Optimum Product Diversity [J]. The American Economic Review, 1977, 67 (3), pp. 297 – 308.

[40] Dosig. Sources, Procedures and Microeconomic Effects of Innovation [J]. Journal of Economic Literature, 1988, 26, pp. 1120 – 1171.

[41] Dunning J. H. International Production and Multinational Enterprise [M]. London: George Allen & Unwin, 1981.

[42] Farrell, J., The Measurement of Productive Efficiency [J]. Journal of the Royal Statistical Society, 1957 (120), pp. 253 – 281.

[43] Fare R., S. Grosskopf & Norris M. et al. Productivity Growth, Technical Progress, and Efficiency Change in Industrialized Countries [J]. American Economic Review, 1994, 84 (1), pp. 66 – 83.

［44］ Farrell, J., The Measurement of Productive Efficiency ［J］. Journal of the Royal Statistical Society, 1957（120）, pp. 253 – 281.

［45］ Greenaway, D. and Kneller, R. Exporting and Productivity in the UK ［J］. Oxford Review of Economic Policy, 2004, 20, pp. 358 – 371.

［46］ Greenaway, D., Guariglia, A. and R. Kneller. Financial Factors and Exporting Decisions ［J］. Journal of International Economics 2007, 73（2）, pp. 377 – 395.

［47］ Greenaway, D. Firm Heterogeneity, Exporting and Foreign Direct Investment ［J］. The Economic Journal, 2007, 117, pp. 134 – 161.

［48］ Greewood J., Hercowitz Z. & Krusell P. Long – run Implications of Investment – Specific Technological Change ［J］. American Economic Review, 1997, 87（3）, pp. 342 – 362.

［49］ Griliches Z. Issues in Accessing the Contribution of Research and Development to Productivity Growth. R & D and Productivity: The Econometric Evidence ［M］. Chicago: University of Chicago Press, 1998.

［50］ Griffth R., Stephen R. & Reenen J. V. Mapping the Two Faces of R&D: Productivity Growth in a Panel of OECD Countries ［J］. Review of Economics and Statistic, 2004, 86（4）, pp. 883 – 895.

［51］ Grossman G., Helpman E. Quality Ladders in the Theory of Growth ［J］. Review of Economic Studies, 1991, 58, pp. 43 – 61.

［52］ Grossman, G. M., Helpman E. Innovation and Growth in the Global Economy ［M］. Cambridge, Mass.: MIT Press, 1991.

［53］ Grossman, G. M., Helpman E. Endogenous Innovation in the Theory of Growth ［J］. Journal of Economic Perspectives, 1994, 81, pp. 23 – 44.

［54］ Grossman S., Hart O. The Costs and Benefits of Ownership: A Theory of Vertical and Lateral Integration ［J］. Journal of Political Economy, 1986, 94 (4), pp. 691 – 719.

[55] Grubel H. G. Intra – Industry Specialization and the Pattern of Trade [J]. The Canadian Journal of Economics and Political Science, 1967, 3, pp. 374 – 388.

[56] Grubel H. G, Johnson H. The Welfare Implications of Effective Protection [M]. In: Grubel HG, Johnson HG (eds.) Effective Tariff Protection. Graduate Institute of International Studies and General Agreement on Tariffs and Trade, Geneva, 1971.

[57] Grubel, H. G., Lloyd, P. J. The Empirical Measurement of Intra-industry Trade [J]. The Economic Record, 1971, 47, pp. 494 – 517.

[58] Grubel, H. G., Lloyd, P. J. Intraindustry Trade: The Theory and Measurement of International Trade in Differentiated Products [M]. London, United Kingdom: Macmillan, 1975.

[59] Gurrero D. C, Sero M. A. Spatial Distribution of Patents in Spain: Determining Factors and Consequences on Regional Development [J]. Regional Studies, 1997, 31, pp. 381 – 390.

[60] Hart O. Monopolistic Competition, in the Spirit of Chamberlin: A General Model [J]. Review of Economic Studies, 1985, pp. 1529 – 1546.

[61] Hart O. Firm, Contracts and Financial Structure [M]. Oxford University Press, 1995.

[62] Hart O., Moore. Property Rights and the Nature of the Firm [J]. Journal of Political Economy, 1990, 98, pp. 1119 – 1158.

[63] Hart O., Moore. Debt and the Inalienability of Human Capital [J]. Quarterly Journal of Economics, 1994, 109, pp. 841 – 879.

[64] Hausmann R., Huang Y. & Rodrik D. What You Export Matters [J]. NBER Working Paper, 2005, No. 11905.

[65] Helpman E. Trade, FDI and the Organization of Firm [J]. NBER Working Papers, 2006, No. 12091.

［66］ Hsieh Chang – Tai and Peter J. Klenow. Misallocation and Manufac-
turing TFP in China and India ［J］. Quarterly Journal of Econom-
ics, 2009, 124 (4), pp. 1403 – 1448.

［67］ Hummels, Ishii D. J., Yi Kei – Mu. The Nature and Growth of Ver-
tical Specialization in World Trade ［J］. Journal of International Eco-
nomics, 2001, 54, pp. 75 – 96.

［68］ Hummels, David, Klenow, Peter J. The Variety and Quality of a Na-
tion's Exports ［M］. American Economic Review, 2005, 95,
pp. 704 – 723.

［69］ Joachim Jarreau & Sandra Poncet. Export Sophistication and Econom-
ic Growth: Evidence from China ［J］. Journal of Development Eco-
nomics, 2012, 97, pp. 281 – 292.

［70］ Ju Jiandong, Wei Shangjin. Endowment Versus Finance: A Wooden
Barrel Theory of International Trade ［J］. CEPR Discussing Paper,
2005, No. 5109.

［71］ Johnson, R. Trade and Prices with Heterogeneous Firms ［J］. UC
Berkeley Mimeo, 2007.

［72］ Johanson S. Market Experiences and Export Decisions in Heterogene-
ous Firms ［J］. Centre of Excellence for Science and Innovation
Studies (CESIS) Working Paper, 2009, No. 196.

［73］ John Mclaren. Trade and Market Thickness: Effects on Organizations
［J］. Journal of European Economic Association, 2003, 1, pp.
328 – 336.

［74］ Kaplan S., Per Stromberg. Financial Contracting Theory Meets the
Real World ［J］. NBER Working Paper, 2000, No. 7660.

［75］ Kirzner I. Austrian School of Economics ［M］. The New Pal
Grave: A Dictionary of Economics, Vol. 1. London: Macmillan,
1991, pp. 145 – 151.

［76］ Kirzner I. Competition and Entrepreneurship ［M］. Chicago: Uni-
versity of Chicago Press, 1973.

[77] King, Levine. Finance, Entrepreneurship and Growth [J]. Journal of Monetary Economics, 1993, 32, pp. 513 – 542.

[78] Klein P. Entrepreneurship and Corporate Governance [J]. Quarterly Journal of Austrian Economics, 1999, 2 (2), pp. 19 – 42.

[79] Knight, Frank H. Risk, Uncertainty and Profit [M]. New York: Harper and Row, 1965.

[80] Krugman P. Scale Economics, Product Differentiation, and the Pattern of Trade [J]. American Economic Review, 1980, 70, pp. 950 – 959.

[81] Kuo C., Yang C. Knowledge Capital and Spillover on Regional Economic Growth: Evidence from China [J]. China Economic Review, 2008, 19 (4), pp. 594 – 604.

[82] Lai M., Peng S. & Bao Q. Technology Spillovers, Absorptive Capacity and Economic Growth [J]. China Economic Review, 2006, 17 (3), pp. 300 – 320.

[83] Lerner, A. The Concept of Monopoly and the Measurement of Monopoly Power [J]. The Review of Economic Studies, 1934, 1, pp. 157 – 175.

[84] Lewis. The Theory of Economic Growth, Homewood Illinois, 1955.

[85] Li Ke, Chu Chihning, Hung Derfang, Chang Chauchyun, Li Songlin. Industrial Cluster, Network and Production Value Chain: A New Framework for Industrial Development Based on Specialization and Division of Labor [J]. Pacific Economic Review, 2010, 15 (5), 596 – 619.

[86] Li Zhiyuan, Yu Miaojie. Exports, Productivity, and Credit Constraints: A Firm – Level Empirical Investigation of China [J]. NBER Working Paper, No. 1461399.

[87] Linder, S. An Essay on Trade and Transformation [M]. New York: John Wiley, 1961.

[88] Long, N. V., Riezman, R., Soubeyran, A. Trade, Wage Gaps

and Specific Human Capita Accumulation.[J]. Review of International Economics, 2007, 15 (6), pp. 75 – 92.

[89] Lucas R. On the Mechanism of Economic Development [J]. Journal of Monetary Economics, 1988, 22, pp. 3 – 22.

[90] Machlup F. Austrian Economics [M]. in Douglas G. (ed.), Encyclopedia of Economics, New York: McGraw – Hill, 1982.

[91] MaLaren J. Trade and Market Thickness: Effects on Organization [J]. Journal of the European Economic Association, 2003 (1), pp. 328 – 336.

[92] Manova, K. Credit Constraints in Trade: Financial Development and Export Composition [J]. NBER Working Paper, No. 805 – 827.

[93] Manova, K. Credit Constraints, Heterogeneous Firms and International Trade [J]. Stanford University mimeo, 2007.

[94] Manova, K. and Zhang Z. China's Exporters and Importers: Firms, Products, and Trade Partners [J]. Stanford University mimeo, 2008.

[95] Markusen, J. R. Trade in Producer Services and in other Specialized, Intermediate Inputs [J]. American Economic Review, 1989, 79, pp. 85 – 95.

[96] Markusen J. R. Denationalizing Tariffs with Specialized Intermediate Inputs and Differentiated Final Goods [J]. Journal of International Economics, 1990, 28, pp. 375 – 84.

[97] Marshall A. Principles of Economics [M]. MacMillan, London, 1920.

[98] Matsuyama K. Credit Market Imperfections and Patterns of International Trade and Capital Flows [J]. Journal of the European Economic Association, Vol. 3, No. 2/3, Papers and Proceedings of the Nineteenth Annual Congress of the European Economic Association (Apr. – May, 2005), pp. 714 – 723.

[99] Melitz, Marc J. The Impact of Trade on Intra – Industry Reallocations

and Aggregate Industry Productivity [J]. Econometrics, 2003, 71 (6), pp. 1695 – 1725.

[100] Murphy Kevin M., Shleifer Andrei, Vishny Robert W. The Allocation of Talent: Implications for Growth [J]. The Quarterly Journal of Economics, 1991, 106 (5): 503 – 530.

[101] Muûls M. Exporters and Credit Constraints: A Firm – level Approach [J]. National Bank of Belgium Working Paper, No. 139, 2008.

[102] Myers, Stewart C. Outside Equity Financing [J]. NBER Working Paper, No. 6561, 1998.

[103] Myers, Stewart C. The Capital Structure Puzzle [J]. Journal of Finance, 1984, 39 (3), pp. 575 – 592.

[104] Myers S., N. Majluf. Corporate Financing and Investment Decisions when Firms Have Information that Investors don't Have [J]. Journal of Financial Economics, 1984, 13 (2), pp. 187 – 221.

[105] Nelson Richard & Phelps Edmund. Investment in Humans, Technological Diffusion, and Economic Growth [J]. American Economic Review, 1964 (61), pp. 69 – 75.

[106] Nunn, N. Relationship – Specificity, Incomplete Contracts, and the Pattern of Trade [J]. Quarterly Journal of Economics, 2007, 122 (2), pp. 569 – 600.

[107] Nunn, N. and Trefler D. The Boundaries of the Multinational Firm: An Empirical Analysis [J]. forthcoming in E. Helpman, D. Marin, and T. Verdier (eds.), The Organization of Firms in a Global Economy, Harvard University Press, 2008.

[108] Poncet S., Steingress W. & Vandenbussche H., Financial Constraints in China: Firm – level Evidence, China Economic Review, 2010 (21), pp. 411 – 422.

[109] Rajan, Zingales. Financial Dependence and Growth [J]. American Economic Review, 1998, 88, pp. 559 – 586.

[110] Rajan, Zinga les. The Great Reversal: The Politics of Financial Development in the Twentieth Century [J] . Journal of Financial Economics, 2003, 69, pp. 5 – 50.

[111] Romer P. Increasing Returns and Long Run Growth [J] . Journal of Political Economy, 1986, 94, pp. 1002 – 1037.

[112] Romer P. Endogenous Technological Change [J] . Journal of Political Economy, 1990, 98 (5), pp. 71 – 102.

[113] Romer P. Krugman. Intraindustry Specialization and the Gains from Trade [J] . The Journal of Political Economy, 1981, 5, pp. 959 – 973.

[114] Rosenberg N. Science, Innovation and Economic Growth [J] . Economic Journal, 1974 (3), pp. 51 – 77.

[115] Ottaviano G. , Tabuchi T. and Thisse J. Agglomeration and Trade Revisited [J] . International Economic Review, 2002, 43 (2), pp. 409 – 436.

[116] Papageorgiou, Chris. Technology Adoption, Human Capital and Growth Theory [J] . Journal of Development Economics, 2002, 6 (3), pp. 351 – 368.

[117] Poncet S. , Steingress W. & Vandenbussche H. . Financial Constraints in China: Firm – level Evidence [J] . China Economic Review, 2010, 21 (3), pp. 411 – 422.

[118] Porter M. E. The Competitive Advantage of Nations [M] . London: Macmillan, 1990.

[119] Rajan, R. and Zingales L. Financial Dependence and Growth [J] . American Economic Review, 1998, 88, pp. 559 – 586.

[120] Redding S. Dynamic Comparative Advantage and the Welfare Effects of Trade [J] . Oxford Economic Papers, 1999, 77, pp. 15 – 39.

[121] Romer P. M. Endogenous Technological Change [J] . Journal of Political Economy, 1990, 98 (5), pp. 71 – 102.

[122] Schumpeter J. The Theory of Economic Development [M]. Cambridge, Massachusetts: Harvard University Press, 1934.

[123] Sobel Russell S. Testing Baumol: Institutional Quality and the Productivity of Entrepreneurship [J]. Journal of Business Venturing, 2008 (23), pp. 641 – 655.

[124] Solow R. M. Growth Theory: An Exposition [M]. Oxford: Oxford University Press, 1970.

[125] Shleifer, A., Vishny R. W. The Grabbing Hand: Government Pathologies and Their Cures [M]. Cambridge, Mass: Harvard University Press, 1998.

[126] Tirole, J. Corporate Governance [J]. Econometrica, 2001, 69 (1), pp. 1 – 35.

[127] Vandenbussche J., Aghion P. & Meghir C., Growth, Distance to Frontier and Composition of Human Capital [J]. Journal of Economic Growth, 2006, 11 (2), pp. 97 – 127.

[128] Wang Yan, Yao Yudong. Sources of China's Economic Growth 1952 – 1999: Incorporating Human Capital Accumulation [J]. China Economic Review, 2003, 14, pp. 32 – 52.

[129] Wang Zhi, Shang – Jin Wei. What Accounts for the Rising Sophistication of China's Exports? [R]. NBER Working Paper, 2008, No. 13771.

[130] Wu Y. Has Productivity Contributed to China's Growth? [J]. Pacific Economic Review, 2003, 8 (1), pp. 15 – 30.

[131] YangX, Ng Yewkwang. Specialization and Economic [M]. North— Holland, 1993.

[132] Yeaple S. Firm Heterogeneity, International Trade and Wages [J]. Journal of International Economics, 2005, 65, pp. 1 – 20.

[133] Young A. Increasing Returns and Economic Progress [J]. The Economic Journal, 1928, Vol. 38, 152, pp. 527 – 542.

[134] Young A. Learning by Doing and Dynamic Effects of International

Trade［J］. Journal of Political Economy, 1991, 106, pp. 369 – 405.

［135］ Young A. Increasing Returns and Economic Progress［J］. Economic Journal, 1928, 11. pp. 527 – 42.

［136］ Young, Alwyn. The Razor's Edge: Distortions and Incremental Reform in People's Republic of China［J］. Quarterly Journal of Economics, 2000, 115 (4): 1091 – 1135.

［137］ Zheng J., Liu X. & Bigsten A. Efficiency, Technical Progress, and Best Practice in Chinese State Enterprises (1980 – 1994)［J］. Journal of Comparative Economics, 2003, 31 (1) pp. 134 – 152.

［138］ Zweimuller J., Brunner J. K. Innovation and Growth with Rich and Poor Consumers［J］. Metroeconomica, 2005, 56, pp. 233 – 262.

［139］ 安德烈·施莱佛、罗伯特·维什尼：《掠夺之手：政府病及其治疗》，中信出版社 2004 年版。

［140］ 白俊红、江可申、李婧：《应用随机前沿模型评测中国区域研发创新效率》，《管理世界》2009 年第 10 期。

［141］ 北京大学中国经济研究中心课题组：《中国出口贸易中的垂直专业化与中美贸易》，《世界经济》2006 年第 5 期。

［142］ 贝蒂尔·俄林：《区际贸易与国家贸易》，华夏出版社 2008 年版。

［143］ 边燕杰、丘海雄：《企业家社会资本及其功效》，《中国社会科学》2000 年第 2 期。

［144］ 柴忠东、施慧家：《新新贸易理论"新"在何处——异质性企业贸易理论剖析》，《国际经贸探索》2008 年第 12 期。

［145］ 陈工、陈伟明、陈习定：《收入不平等、人力资本积累和经济增长——来自中国的证据》，《财贸经济》2011 年第 2 期。

［146］ 陈爽英、井润田、龙小宁等：《民营企业家社会关系资本对研发投资决策影响的实证研究》，《管理世界》2010 年第 1 期。

［147］ 陈钊、陆铭、金煜：《中国人力资本和教育发展的区域差异：

对于面板数据的估算》，《世界经济》2004 年第 12 期。

[148] 道格拉斯·C. 诺斯：《制度、制度变迁与经济绩效》，上海人民出版社、上海三联书店 2008 年版。

[149] 大卫·李嘉图：《政治经济学及赋税原理》，商务印书馆 1962年版。

[150] 代谦、刘朝霞：《FDI、人力资本积累与经济增长》，《经济研究》2006 年第 4 期。

[151] 范红忠：《有效需求假说、研发投入与国家自主创新能力》，《经济研究》2007 年第 3 期。

[152] 樊纲、王小鲁、朱恒鹏：《中国市场化指数——各地区市场化相对进程 2009 年报告》，经济科学出版社 2010 年版。

[153] 樊瑛：《新新贸易理论及其进展》，《国际经贸探索》2007 年第 12 期。

[154] 方杰、张敏强：《中介效应的检验方法和效果量测量：回顾与展望》，《心理发展与教育》2012 年第 1 期。

[155] 弗里德里希·奥古斯特·哈耶克：《通往奴役之路》，中国社会科学出版社 1997 年版。

[156] 高波、赵奉军：《企业家精神的地区差异与经济绩效——基于面板数据的估算》，《山西财经大学学报》2009 年第 9 期。

[157] 格罗斯曼·G. M.、赫尔普曼·E.：《全球经济中的创新与增长》，中国人民大学出版社 2003 年版。

[158] 赫苏斯·韦尔塔·德索托：《奥地利学派：市场秩序与企业家创造性》，浙江大学出版社 2010 年版。

[159] 胡旭阳：《民营企业家的政治身份与民营企业的融资便利》，《管理世界》2006 年第 5 期。

[160] 黄孟复：《民营经济蓝皮书——中国民营经济发展报告(2009—2010)》，社会科学文献出版社 2011 年版。

[161] 黄先海：《蛙跳型经济增长——后发国发展路径及中国的选择》，经济科学出版社 2005 年版。

[162] 黄先海、石东楠：《对外贸易对我国全要素生产率影响的测度

与分析》,《世界经济研究》2005 年第 1 期。

[163] 黄益平:《要素市场需引入自由市场机制》,《财经报道》2009 年 7 月 26 日。

[164] 蒋自强、史晋川:《当代西方经济学流派》,复旦大学出版社 2001 年版。

[165] 江春、滕芸:《企业家精神与金融发展关系研究评述》,《经济学动态》2010 年第 2 期。

[166] 科斯、阿尔钦、诺斯等:《财产权利与制度变迁:产权学派与新制度学派译文集》,上海三联书店、上海人民出版社 1994 年版。

[167] 科兹纳:《洞察力、机会和利润》,芝加哥大学出版社 1979 年版。

[168] 赖明勇、包群、彭水军等:《外商直接投资与技术外溢:基于吸收能力的研究》,《经济研究》2005 年第 8 期。

[169] 林玲、李江冰、李青原:《金融发展、融资约束与中国本土企业出口绩效——基于省际面板数据的经验研究》,《世界经济研究》2009 年第 4 期。

[170] 林毅夫:《新结构经济学》,北京大学出版社 2012 年版。

[171] 林毅夫:《李约瑟之谜、韦伯疑问和中国的奇迹:自宋以来的长期经济发展》,《北京大学学报》(哲学社会科学版) 2007 年第 4 期。

[172] 林毅夫、孙希方:《经济发展的比较优势战略理论——兼评〈对中国外贸战略与贸易政策的评论〉》,《国际经济评论》2003 年第 6 期。

[173] 林毅夫、张鹏飞:《适宜技术、技术选择和发展中国家的经济增长》,《经济学》(季刊) 2006 年第 4 期。

[174] 林云、金祥荣:《区域技术创新绩效的"马太效应"——基于中国 30 个省市面板数据分析》,《经济学家》2008 年第 3 期。

[175] 李斌、江伟:《金融发展、融资约束与企业成长》,《南开经济研究》2006 年第 3 期。

[176] 李宏斌、李杏、姚先国、张海峰、张俊森:《企业家的创业与

创新精神对中国经济增长的影响》，《经济研究》2009 年第 10 期。

[177] 李平、崔喜君、刘健：《中国自主创新中研发资本投入产出绩效分析——兼论人力资本和知识产权保护的影响》，《中国社会科学》2007 年第 2 期。

[178] 李小平、朱钟棣：《国际贸易、R&D 溢出和生产率增长》，《经济研究》2006 年第 2 期。

[179] 李晓钟、张小蒂：《对我国长三角地区全要素生产率的估算及分析》，《管理世界》2005 年第 11 期。

[180] 刘志彪、张杰等：《全球化中中国东部外向型经济发展：理论分析和战略调整》，中国财政经济出版社 2009 年版。

[181] 鲁传一、李子奈：《企业家精神与经济增长理论》，《清华大学学报》2000 年第 3 期。

[182] 罗党论、唐清泉：《政治关系、社会资本与政策资源获取：来自中国民营上市公司的经验证据》，《世界经济》2009 年第 7 期。

[183] 罗正英、周中胜、詹乾隆：《中小企业的银行信贷融资可获性：企业家异质特征与金融市场化程度的影响》，《会计研究》2010 年第 6 期。

[184] 罗良文、阚大学：《对外贸易和外商直接投资对中国人力资本存量影响的实证研究》，《世界经济研究》2011 年第 4 期。

[185] 吕冰洋：《中国资本积累：路径、效率和制度供给》，中国人民大学出版社 2007 年版。

[186] 马歇尔：《经济学原理》，商务印书馆 1997 年版。

[187] 迈克尔·波特：《国家竞争优势》，华夏出版社 2001 年版。

[188] 马述忠、郑博文：《中国企业出口行为与生产率关系的历史回溯：2001—2007》，《浙江大学学报》（人文社会科学版）2010 年第 7 期。

[189] 米塞斯：《人的行为：经济学研究》，台湾远流出版事业股份有限公司 1991 年版。

[190] 牛文元：《中国科学发展报告 2010》，科学出版社 2010 年版。

［191］平新乔：《外商直接投资对中国企业的溢出效应分析：来自中国第一次全国经济普查数据的报告》，《世界经济》2007 年第 8 期。

［192］潘士远、林毅夫：《发展战略、经济吸收能力和经济收敛》，《数量经济技术经济研究》2006 年第 2 期。

［193］潘士远：《贸易自由化、有偏的学习效应与发展中国家的工资差异》，《经济研究》2007 年第 6 期。

［194］萨伊：《政治经济学概论》，商务印书馆 1963 年版。

［195］盛斌、马涛：《中国工业部门垂直专业化与国内技术含量的关系研究》，《世界经济研究》2008 年第 8 期。

［196］宋渊洋、李元旭：《控股股东决策控制、CEO 激励与企业国际化战略》，《南开管理评论》2010 年第 4 期。

［197］孙俊华、陈传明：《企业家社会资本与公司绩效关系研究——基于中国制造业上市公司的实证研究》，《南开管理评论》2009 年第 12 期。

［198］孙早、刘庆岩：《市场环境、企业家能力与企业绩效》，《经济学家》2006 年第 4 期。

［199］施炳展、冼国民：《要素价格扭曲与中国工业企业出口行为》，《中国工业经济》2012 年第 2 期。

［200］唐海燕、张会清：《产业内国际分工与发展中国家的价值链提升》，《经济研究》2009 年第 9 期。

［201］田国强：《世界变局下的中国改革与政府职能转变》，《学术月刊》2012 年第 6 期。

［202］万广华、范蓓蕾、陆铭：《解析中国创新能力的不平等：基于回归的分解方法》，《世界经济》2010 年第 2 期。

［203］魏下海：《贸易开放、人力资本与中国全要素生产率——基于分位数回归方法的经验研究》，《数量经济技术经济研究》2009 年第 7 期。

［204］魏下海、李树培：《人力资本、人力资本结构与区域经济增长——基于分位数回归方法的经验研究》，《财贸研究》2009

年第 5 期。

[205] 温忠麟、张雷、侯杰泰等：《中介效应检验程序及其应用》，《心理学报》2004 年第 5 期。

[206] 吴延兵、刘霞辉：《人力资本与研发行为——基于民营企业调研数据的分析》，《经济学》（季刊）2009 年第 7 期。

[207] 夏良科：《人力资本与 R&D 如何影响全要素生产率——基于中国大中型工业企业的经验分析》，《数量经济技术经济研究》2010 年第 4 期。

[208] 冼国民、程娅昊：《多种要素扭曲是否推动了中国企业出口?》，《经济理论与经济管理》2013 年第 4 期。

[209] 许和连、介朋、祝树金：《贸易开放度、人力资本与全要素生产率：基于中国省际面板数据的经验分析》，《世界经济》2006 年第 12 期。

[210] 亚当·斯密：《国民财富性质与原因的研究》，商务印书馆1972 年版。

[211] 杨其静：《财富、企业家才能与最优融资契约安排》，《经济研究》2003 年第 4 期。

[212] 杨小凯：《发展经济学：超边际与边际分析》，社会科学文献出版社 2003 年版。

[213] 姚先国、张海峰：《教育、人力资本与地区经济差异》，《经济研究》2008 年第 5 期。

[214] 姚先国：《技术进步、技能需求与就业结构——基于制造业微观数据的技能偏态假说检验》，《中国人口科学》2005 年第5 期。

[215] 姚瑶、刘文革：《要素市场扭曲对企业家才能配置的影响研究——基于动态面板系统 GMM 的研究方法》，《浙江工商大学学报》2015 年第 1 期。

[216] 姚瑶、赵英军：《全球价值链演进升级的内生动力与微观机制——人力资本配置的“结构效应”与“中介效应”》，《浙江社会科学》2015 年第 11 期。

［217］于明超、申俊喜：《区域异质性与创新效率——基于随机前沿模型的分析》，《中国软科学》2010 年第 11 期。

［218］易靖韬：《企业异质性、市场进入成本、技术溢出效应与出口参与决定》，《经济研究》2009 年第 9 期。

［219］易靖韬、傅佳莎：《企业生产率与出口：浙江省企业层面的证据》，《世界经济》2011 年第 5 期。

［220］严成樑、龚六堂：《熊彼特增长理论：一个文献综述》，《经济学》（季刊）2009 年第 4 期。

［221］约瑟夫·熊彼特：《资本主义、社会主义与民主》，商务印书馆 2000 年版。

［222］约瑟夫·熊彼特：《经济发展理论——对于利润、资本、信贷和经济周期的考察》，商务印书馆 1997 年版。

［223］岳书敬、刘朝明：《人力资本与区域全要素生产率分析》，《经济研究》2006 年第 4 期。

［224］云鹤、舒元：《企业家合约与经济增长》，《经济学》（季刊）2008 年第 4 期。

［225］曾世宏、郑江淮：《技术吸收、企业家注意力配置与服务业生产率地区差异——以"长三角"地区服务业为例》，《财经研究》2010 年第 6 期。

［226］张而升：《"李约瑟之谜"新解——商人资本的角度》，《社会科学战线》2008 年第 7 期。

［227］张海洋：《R&D 两面性、外资活动与中国工业生产率增长》，《经济研究》2005 年第 5 期。

［228］张家峰、赵顺龙：《区域技术创新的影响因素分析——以江浙沪两省一市为例》，《国际贸易问题》2009 年第 7 期。

［229］张洪兴、耿新：《企业家社会资本如何影响经营绩效——基于动态能力中介效应的分析》，《山东大学学报》（哲学社会科学版）2011 年第 4 期。

［230］张杰、刘志彪：《需求因素与全球价值链形成——兼论发展中国家的"结果封锁型"障碍与突破》，《财贸研究》2007 年第

6 期。

[231] 张杰、李勇、刘志彪:《出口与中国本土企业生产率:基于江苏制造企业的实证分析》,《管理世界》2008 年第 11 期。

[232] 张杰、李勇、刘志彪:《出口促进中国企业生产率提高了吗?来自中国本土制造业企业的经验证据:1999—2003》,《管理世界》2009 年第 12 期。

[233] 张杰、周晓艳、郑文平、芦哲:《要素市场扭曲是否激发了中国企业出口》,《世界经济》2011 年第 8 期。

[234] 张杰、周晓艳、李勇:《要素市场扭曲抑制了中国企业 R & D》,《经济研究》2011 年第 8 期。

[235] 张军、吴桂英、张吉鹏:《中国省际物质资本存量估算:1952—2000》,《经济研究》2004 年第 10 期。

[236] 张维迎:《企业的企业家——契约理论》,上海三联书店、人海人民出版社 1995 年版。

[237] 张小蒂、贾钰哲:《中国动态比较优势增进的机理与途径——基于企业家资源拓展的视角》,《学术月刊》2012 年第 5 期。

[238] 张小蒂、李晓钟:《转型时期中国民营企业家人力资本特殊性及成长特征分析》,《中国工业经济》2008 年第 5 期。

[239] 张小蒂、王永齐:《融资成本、企业家形成与内生产业集聚:一般分析框架及基于中国不同区域的比较分析》,《世界经济》2009 年第 9 期。

[240] 张小蒂、王焕祥:《国际投资与跨国公司》,浙江大学出版社 2004 年版。

[241] 张小蒂、赵榄:《企业家人力资本结构与地区居民富裕程度差异研究》,《中国工业经济》2009 年第 12 期。

[242] 张小蒂、姚瑶:《全球化中民营企业家人力资本对我国区域创新及全要素生产率的影响研究——基于东部九省市面板数据的经验分析》,《浙江大学学报》(人文社会科学版)2011 年第 5 期。

[243] 张小蒂、姚瑶:《民营企业家潜能拓展与区域创新绩效增进研

究》,《经济地理》2012 年第 2 期。

[244] 张小蒂、姚瑶:《企业家人力资本拓展对比较优势增进的影响研究——基于中国省级面板数据的经验分析》,《浙江大学学报》(人文社会科学版)2012 年第 6 期。

[245] 张幼文:《从廉价劳动力优势到稀缺要素优势——论"新开放观"的理论基础》,《南开大学学报》2005 年第 6 期。

[246] 郑江淮、曾世宏:《企业家职能配置、R&D 与增长方式转变——以长江三角洲地区为例》,《经济学》(季刊)2009 年第 10 期。

[247] 郑京海、胡鞍钢:《中国改革时期省际生产率增长变化的实证分析(1979—2001 年)》,《经济学》(季刊)2005 年第 2 期。

[248] 郑京海、胡鞍钢、Arne Bigsten:《中国的经济增长能否持续?——一个生产率视角》,《经济学》(季刊)2008 年第 3 期。

[249] 赵志耘、吕冰洋、郭庆旺等:《资本积累与技术进步的动态融合:中国经济增长的一个典型事实》,《经济研究》2007 年第 11 期。

[250] 钟春平、徐长生:《产品种类扩大、质量提升及创造性破坏》,《经济学》(季刊)2011 年第 1 期。

[251] 周黎安:《中国地方官员的晋升竞标赛模式研究》,《经济研究》2007 年第 7 期。

[252] 周其仁:《市场里的企业:一个人力资本与非人力资本的特别合约》,《经济研究》1996 年第 6 期。

[253] 庄子银:《南方模仿、企业家精神和长期经济增长》,《经济研究》2003 年第 1 期。

[254] 庄子银:《企业家精神、持续技术创新和长期经济增长的微观机制》,《世界经济》2005 年第 12 期。